中國城市發展史論集

趙 岡 著

序

　　學者作研究有一個相當普遍的傾向，希望儘量照顧周到，力求完美。於是研究工作愈作愈細緻，在人文社會科學方面，這種趨勢尤其強烈。許多名學者也特別強調這一原則，提倡小題大作。這個原則基本上是對的，但是有兩個條件：第一，在細緻研究上所投下的精力必須與研究結果的功能相稱，過分細緻的追索沒有必要，甚至是一種人力之浪費。學術研究不是手工藝品，只見功力，沒有功用，也未必是佳著。第二，小題經過大作之後，還需要有人來綜合處理，才能看出全貌。把森林中許多葉子作了十分詳盡的化驗與分析，但對整個林相卻一無所知，並不是理想的林業研究工作。

　　中國歷史上對城市的研究有很長的傳統，說明中國的歷史學家從來就十分重視城市史，名著迭出，如《三輔黃圖》、《東京夢華錄》、《夢粱錄》等。但是，在這方面也是細緻化有餘，綜合性不足，各地歷代都注重地方志之修纂，詳述本地區之沿革，山川名勝，風土人情，記述不謂不詳。方志下可以到鄉鎮，上可以到府及省，再向上就沒有了。所以中國歷史文獻中沒有留下一部整合性的城市史。

　　但是，城市研究的日趨細緻，則形成明顯的趨勢。這就是後來出現的種種「坊巷志」。許多坊巷志不能說全無用處，但很多只是

滿足了著者個人的興趣，不能幫助我們瞭解這些城市的興衰背景。這個趨勢到今天還在不斷繼續著，許多很有功力的歷史學者把明清江南各大市鎮，以現代的文體寫出坊巷志，記明何處有橋有河，街道縱橫幾條等等。說來有趣，西方也有這種趨勢。竟然有人寫博士論文，以巴爾的摩的下水道修建史爲題，詳述每一段下水道的修建年代，經費若干，水管長度，口徑大小，並附圖表，洋洋大觀。

其次，中國城市史研究，無論是歷史留下的文獻，或是近人的著作，所述及者多偏重自然條件與社會層面，眞正經濟方面的分析很少見，於是留下許多空白點。

在本書中，我嘗試用宏觀的角度，從經濟層面上來探討中國城市的曲折發展與特殊問題，希望能有拋磚引玉的作用。

目　次

第一章　從宏觀角度看中國的城市史

一、定義問題

　　城市化或都市化（urbanization）是中外學者慣用的名詞，也是熱烈討論的歷史課題之一。但是大家對於什麼叫做城市，什麼人算城市人口，如何計算並比較各個國家城市化或都市化的程度，意見不一，歷來頗多爭論。城市是人類聚落形態之一。有的學者根據他們所觀察一批聚落之特色，而為城市下了一個定義；其他的學者又根據他們所觀察到的聚落樣本，為城市下了另一個定義，於是有了爭論。例如，韋伯根據西歐中世紀城市的特色，而判定中國歷史上根本沒有城市。依照同樣的推理邏輯，我們也可以根據中國古代城市的特色，而斷定西歐中世紀沒有城市。爭論的癥結在於定義的過於狹窄，如果大家採用一個包括廣泛的定義，中外古今的城市便可全都容納在內，供吾人觀察比較。又譬如，有些學者對於中國先秦的城市，在名詞上也有過爭論，究竟應該稱之為「早期城市」、「初期城市」、「原始城市」，還是「雛型城市」？其實，選擇一個適當的名稱只是次要之事。我們首先應該有一個通用的定義，然後再根據特色進一步分類，例如古典城市、中世紀城市、現代城

市、早期、中期、晚期城市、生產性城市、消費性城市、工業城市、商業城市、交通樞紐型城市等等。

近代各國人口統計，對於城市人口與鄉村人口有兩種不同的劃分標準。一種是以職業區分，即農業及非農業；另一種是以人口數量劃分。又有些國家是兩項標準兼用，凡人數超過某一水平之集居點，而其農業居民不超過某一百分比者，算是城市地區，其居民，包括農業居民，全部列為城市人口。該集居點便算是城市之一。1953年中國大陸上舉行人口普查時，將總人口劃分為城市人口與鄉村人口，就是採用混合的劃分標準：凡常住人口在2,000人以上，而其中非農業人口占50％以上者列為城市。1964年第二次人口調查時，定義略有變更，雖仍然是兩個標準兼用，但都有所提高。

1953年人口普查所採用之城市定義，對我們的研究很適用，可供中外古今城市之比較，我們採用此一定義。研究歷史上的城市人口，按職業標準劃分，很難辦到。若按集居點的人口數來劃分，尚可作粗略估計。城市中可以包括半數以下的農業居民，是很重要的一點。下面將要提到，先秦的城市中就有相當數量的農民居住，如果我們將城市中的非農業人口之比重提高到70－80％以上，則很多先秦的城市便不得稱為城市了。

以2,000人為城市人口的起算點，此一定義雖未明確提出人口密度的標準，但不言可喻。如果這2,000人擴散到很大面積的居住區時，便與鄉村無異。我們不妨假定，城市居民的密度不會低於每公頃40人。換言之，一個2,000人的小城市占地不會超過50公頃。

在引用1953年普查的城市定義來研究古代城市時，我們無法區分常住人口與流動人口。對於戰國以前的城市，這不構成任何困難。當時的國鄙劃分相當嚴格，城鄉人口極少對流，城中人口都是

常住的「國人」，相當穩定一致。但是後來國鄙之界限泯除，城鄉人口對流頻繁，便難以估計常住人口之規模。事實上，下面將要指出，戰國以後的城鄉人口高度對流，是中國歷史上的強烈特色之一。因此，城市中經常出現爲數衆多的非常住人口，他們在他處設籍。我們以下的討論中，城市人口包括非常住人口。

　　在定義問題上，還有一點要說明。中國的城市很早以前就已經分化爲明顯的兩大類。一類是行政區劃的治所。它們通常都有城牆或加上外郭保護，城內有政府的行政機關。這一系統的最高層是京師，其中有宮殿及有關的衙門廨署，以下則是各省級、府級、州縣級的治所。這一系統城市的政治意義很強烈，它們是全國性的行政網點。另一系統則是州治府治縣治以外的市鎭，它們大多數不是政府主動設置的，而是基於經濟因素而自然形成。不過，一旦發展達到相當規模，政府就正式在這些集居點上設市或鎭，並派官掌理治安與行政。爲了區別這兩個系統，前者我們稱之爲城郡；後者我們稱之爲市鎭。兩個系統的總合，稱爲城市。市鎭通常沒有城牆，足以顯示其政治軍事的功能不大。除了少數例外，市鎭的規模多小於城郡。

　　城郡與市鎭在功能上之分化，可以遠溯到先秦的「邑」。最初，邑是指人民聚落的通稱，即古人所說的：

　　　　邑者，民居之所聚也。

後來，周之諸侯築城立國，在城中建置宗廟與殿堂，象徵統治權及中樞，於是取得重大的政治意義。而且這些聚落在功能上開始分化。《左傳・閔公元年》載：

　　　　凡邑有宗廟先君之主曰都，無曰邑。

爲了確保這些統治中樞的安全，周時展開普遍築城之舉。《吳越春

秋》說：

> 築城以衛君，造郭以居民。

明點其政治軍事重要因素。城以外的邑則仍保留其經濟活動中心之
面貌。及至秦廢封建、置郡縣，較大的城便成爲郡的治所，而數百
個中小城則設爲縣治，分別傳達中央政令，管理轄區行政，成爲統
一的全國行政機制的網點。而在這郡治、縣治以外，保留了爲數衆
多的市邑。所以漢代王符在其《潛夫論》中說：

> 天下百郡千縣，市邑萬數，類皆如此。

以後歷朝，大體上都維持了這樣的城市體制。

二、城市化的動力與制約

　　研究一個國家城市化的過程與速度，應該注意到促成城市化的
動力以及這種運動所遭遇的制約因素。其實注意正反兩面應該是一
項常識，因爲人類的經濟活動沒有不受制約條件影響的，城市化進
程當然不可能例外。不過，西方學者研究近世歐洲的城市發展之歷
史，看到的是飛躍的擴張，所以他們把全部注意力都放在城市發展
的動力方面，尤其是工業革命後的工業化進度。他們似乎覺得，只
要都市化的動力快速高漲，城市的擴張自會隨之而來，不遭受任何
制約與阻攔。這種心情很快就傳染到中國近年的史學家。儘管中國
的城市化在十二世紀以後幾乎停滯下來，學者卻只是注意到都市化
動力的微弱，而沒有理解到中國城市化所面臨的強大制約與阻力。
其實，中外雙方的都市化結果，都是動力與制約雙方運作的淨產
品。在西方，近世紀的工業革命與海外貿易之發達，爲城市化提供
了強大的動力，另一方面歷史上存在的制約因素則在日趨減弱。而

在中國，情況正好相反，歷史早期存在的都市化動力在日趨減弱，而工業化的浪潮尚未到達；另一方面，制約因素卻因各種原因在近世紀中快速強化。如果我們不理解這正反雙方面的各項因素，則難以真正認識中國歷史上城市化的諸問題。

在城市化的動力因素上，西方的研究已經很多，並列舉許多帶動都市化的條件。不過他們特別強調經濟方面的因素，如工商業的發展、海外貿易、地理與交通條件。這其中，他們特別著重工業發展，幾乎認為近代歐洲之快速都市化是工業革命的產兒。當然，他們也提到政治、軍事、文化各方面的動因，但都未曾給予很大的權數。可是如果我們研究中國早期城市的興起，可以發現政治及軍事因素的決定性更強。經濟功能有時是附加的，有時是後來追加的。當然也有不少實例，顯示城市發展以後，經濟功能超過原先的政治軍事之動因。

城市發展成熟後，都是多功能的。城市中有工商業、服務業、文化娛樂活動，也有規模不小的行政機構，來處理日常必要的管理工作及治安問題。不過，如果我們追溯到城市的興起及早期發展階段，還是可以看出各城市的主要功能有多寡之分。有的學者便依此而區分單一功能城市與多功能城市。當然，所謂單一功能的城市也絕不會單純到只做一件事。所謂的商業城市或工業城市並非只有商業活動或工業活動。

一般說來，在城市化的早期階段，多功能城市的規模泰半大於單一功能的城市。原因之一是，為了完成其多項功能，此城市便需要較多的人員及居民來執行。它需要大量的行政人員、軍事人員、工商業從業員，甚至農民。其次，一個以政治或軍事理由所建立的城市，往往可以不受本地經濟資源的制約，以強制的方式取得更多

的資源,來擴大此城市至必要的規模水平。

在研究城市化的各項動因時,我們可以進一步探討這些動因背後的深層因素。譬如說,一個商業城的興衰要取決於商業的貿易量。而商業活動及貿易量往往又受農業生產體制的影響。在自給自足的大農場生產制度下,農民與外界的交易活動很少,商業城市就難以興起及快速發展。相反的,如果農業生產是以小農戶為主要單位,則因為小農戶的人力有限,無法進行多樣化的生產,而不得不仰賴與外界之交換,商業活動自然頻繁,商業市鎮自有出現之可能與必要。

城市發展之主要制約因素有二。第一是城鄉人口流動性的大小。城市是人類的集居點,主體是人。城市發展主要表現在城市人口之增加。如果城市之擴展只靠其本身現有人口之自然增殖,則除非城市人口之自然增殖遠高於鄉村,城市人口占總人口之比重不可能提高,城市化指數充其量是不變而已。所以城市化的過程要靠外來人口移入填充。在沒有大量國際間移民的狀況下,城市之擴展就要靠鄉村人口向城市移殖。城市中發展工業,必須不斷從農村吸納勞動力,否則工業投資無效。這就是得諾貝爾獎的經濟學家路易士(W. Arthus Lewis)所創立的發展中國家的二元經濟形態(Dualistic economy)。不過,路易士假定鄉村的勞動力供應有無限大的彈性,城市與工業部門所面臨的勞動力供給線是一條水平線。在這種情況下,無慮勞動力匱乏,一切便全靠工業投資之多寡。這也是只管城市化動因,而完全忽視制約因素。所謂鄉村勞動力供給曲線的彈性是無限大,用普通語言說,即是認為農村本身寓藏有大量的失業人口或隱藏性的失業人口,而且城鄉交流是絕對自由的,毫無滯礙,只要城市中有就業機會出現,農村的失業勞動力

就會立即向城市移殖。顯然這是過分樂觀的想法。在歷史時期，城鄉人口交流有事實上的限度。在最極端的情況下，農村是封閉的，農村人口向城市移殖十分困難。在這種情況下，即令城市有強大的發展動力，但是沒有足夠的人力資源為後盾，也是無濟於事。所以，城市化的制約因素之一就是城鄉人口交流的自由度；用經濟學術語來說，就是勞動力供給曲線的彈性。

　　城市化所面對的第二個制約因素是城市的糧源問題。城市人口大部分是非農業人口，即令仍然保留一部分農業人口，在食糧上也絕難自給自足。城市必須從外界取得足夠的糧食，供養城市人口之生活。在今天，交通便捷，大城市可以靠國外進口的糧食。但是在歷史時期，糧食進口的數量極其有限，城市主要是靠本區域內農村所提供的糧食。於是，農村的餘糧率，即農民自我消耗後所剩餘的糧食占糧食總產量的比重，一來可以決定一個國家城市化的上限，二來可以決定城市人口的分布，也就是集中或分散的情況。

　　我們可以舉例說明。假如一個國家的農業生產力很低，平均每個農民除自用外，只能剩下10％的餘糧，即餘糧率等於10％，則在沒有進口糧食的條件下，全國城市人口的比重很難超過10％。如果農業生產力提高，餘糧率上升到20％，則全國城市人口就可能增加，只要有足夠的動力，城市人口可以上升到20％的上限。根據同樣的道理，在餘糧率等於10％的條件下，一個10萬人口的城市就要向周圍100萬人口的農業區採集餘糧；一個100萬人口的城市就需要1,000萬人口的糧食供應圈來養活。糧食供應圈愈大，糧食的運送成本便愈高。在一定的餘糧率下，糧食供應圈的大小及糧食運送成本之高低決定了城市規模可以大到什麼程度。人民不可能無限度地向大城市集中，以致使糧食的運送成本超過了可忍受的程度。城市

人口分散，就可以縮小每個城市的糧食供應圈。當農業生產力提高後，不但有更多的農業人口可以移殖至城市，而且城市在原有的糧食供應圈內擴展。如果餘糧率由10％上升至20％，每個城市就可在原來的糧食供應圈內擴展一倍。相反的，如果餘糧率下降，則城市人口的集中程度便要下降，城市人口比重不但要減少，城市人口也要自動疏散，以調整糧食供應圈。譬如說，當餘糧率由10％下降到5％，則原來100萬人口的都市從1,000萬農民手中採集餘糧，現在就要向2,000萬農民採集糧食。這樣當然是困難大增。

餘糧率不是一個鐵定的比率。即令在一定農業生產力及總產量的條件下，農民也可以多吃一點或少吃一點。所以真正有效的餘糧率，也就是能夠實際運達城市的糧食數量，要視城鄉之間有何糧食流通的機制與管道。大體說來，可能有三種管道。第一是商業運銷，商人靠市場交易，從農民手中買到餘糧，運至城市中賣給城市居民。這是自願的運送管道。第二是通過政府的流程，政府可以根據其課稅權，向生產糧食的農民徵收糧食實物，然後以各種方式分配給軍隊官兵及政府官兵，也就是餉糧與祿米。政府也可以利用稅糧從事賑濟，無償分發給貧苦百姓或受災人民。政府甚至於可以把稅糧的一部分出售給人民。政府徵收田賦實物是一種強制性的流通機制。不過，有的時候政府也可以利用民間的商業管道，價購糧食來滿足特殊用途，例如籌辦軍糧。糧食流通的第三條管道，是透過半強制的機制。即地主從佃農手中收取實物地租，除了地主家庭自我食用一部分糧食，剩餘的便在城市中出賣。地主收取實物地租，有些半強制的意味。相對而言，如果一個國家只有自願的商業管道，從農村吸取餘糧，則有效餘糧率比較低；如果採用多管道，自願性、強制性、半強制性等流程都加利用，則有效餘糧率就較高。

三、中國城市史的特色

利用上面的宏觀分析，我們可以看出中國歷史上城市化的真實面貌與背景。為了易於辨識中國城市史的特色，我們首先用最簡短的篇幅，把歐洲城市史的輪廓勾劃出來，以便為研究中國城市史提供一個明顯對比的模式，看看兩者是如何的不同。

古代歐洲到羅馬帝國時，已發展出一批為數眾多、規模可觀的城市。據說，羅馬帝國全盛時期有600多個大小城市，城市人口占總人口的1/14左右。但是日耳曼人入侵後，歐洲的城市迅速衰落。戰爭的破壞是原因之一，除日耳曼人以外，後來的海盜對沿海城市之襲擊，也構成了嚴重的破壞。此外，城市的糧源問題也迫使城市人口下降。羅馬帝國一向是靠徵糧的手段來供應城市民食。日耳曼人入侵後，新的政府無力從農村徵集糧食，城市居民大量逃到農村就食，城市自然衰落。長期性的原因則是商業的普遍衰退。歐洲進入封建時期後，各地農村都變成了領主的大型莊園。其中農奴及工匠人手眾多，可以自給自足，不假外求，對外的商業交易自然大幅度減少。當年靠商業功能而出現的市鎮便無法繼續存在下去。很多當年的市鎮，都退化成主教的駐節處及教會的集會場所。

中世紀在西歐重新出現的工商業城市，是11、12世紀的事。這些新興城市，規模都很小，沒有超過十萬人者。其所以如此，就是因為這些城市面臨著強大的制約因素。

主要的因素還不是農業生產力過低。中世紀歐洲莊園的生產相當落後，農奴的生產意願也不高，每畝耕地的平均產量遠低於同時期中國的水平。但是他們的人地比率很有利，每個耕作者可以分到

相當多的耕地。所以農村的餘糧率並不低。不過,有效餘糧率卻較低。這是因為這些新興的工商業城市對於莊園領主沒有政治管轄權,不能使用任何強制的方式從農村取得糧食。城鄉的糧食流通全靠商業管道。換言之,向農村購買糧食是城市居民取得糧食的唯一途徑。

即令如此,城市的糧食供應尚未構成嚴重問題。 真正的制約有二。第一,莊園力求自給自足,對商品交易的興趣不高,交易總量有限,因此城市發展擴充的動力不足。更重要的是,當時城鄉人口對流的程度很低。這就是眾所週知的城鄉對立的局面。新興的工商業城市在人力資源上受到嚴重的束縛。城市中的工商業者並非天生的此類職業人口,他們的上代大都是逃亡的農奴轉化而成。這些人靠本身的自然繁殖,生產率十分有限,必須不斷從農村中吸納新的人力。但是莊園的領主對其屬下人口控制甚嚴,以各種方式防止逃亡。每年只有少量的人可以從莊園中成功地逃至附近城市。即令逃亡成功,還是有被追捕回去的可能。當時的慣例是莊園中之人在逃至城市後經過一定時期而未被領主抓回去,便被承認為自由人,具有市民的身分,可以安全的長居於城市中。

等到封建制度解體以後,這項嚴重的制約才完全消失。農村人口可以自由移殖到城市裡去,城市獲得了有生力量。此時期農業生產力也有了進步,再加上番薯等高產作物之引種,城市的糧源更加穩固,即使是只有商業流通管道,城市也不感糧食之匱乏。就在這個時期,工業革命發生了,在工業化的強大動力拉挽之下,沒有有效的制約存在,西歐的城市化乃一日千里地發展起來。

中國城郡的發展過程與西歐大不相同。中國的城郡自古以來就是以政治軍事為主要功能。先秦的城郡是侯國的都城,是獨立的地

方政治中心；秦以降，城郡改爲地方政府的治所，是全國性行政系統的網點，或是重兵駐守的戰略要地。總之，都負有政治使命。

　　從考古發掘的古城遺址判斷，最早的古城如河南登封的王城崗、淮陽平糧台古城、安陽后崗古城，面積都很小，可能居民不滿二千，尚未達到我們前面所述城市定義的下限。但已知的商代城郡遺址，則面積已是相當可觀，夠得上稱爲城市。這些城市都有宮殿遺跡，顯然都是統治者的居所。不過居民的身分，我們尚無法得知詳情。

　　周代所築之城，其政治性更加明顯。有關周代政治體制，文獻記載不少。西周之建國，是以「小邦周」征服了「大邦殷」。除了被征服的殷商，各地還散布著許許多多小而不統一的土著部落。周人因爲自己人數過少，無法以高壓手段來統治爲數眾多的殷人及土著部落；只能以懷柔及綏靖的方式來推行武裝殖民，以保持其政權。於是周室將與其有血統關係的周人氏族，功臣子弟，甚至已然臣服而且表現忠誠的殷民各族，分封各地，以藩屏周。受封各集團來到周室指定的轄區內，分別進行武裝殖民。諸侯乃擇定一個條件優良的據點，爲其族人的聚居點，而讓當地原有之土著及被征服之人民散居於中心點之外圍。後來，諸侯又在其聚居點之四週築了城牆，於是征服者與被征服者進一步有了明確的形式上之區分，以城郭爲界，國人居於城內，野人居於城外。城內稱國，城外稱鄙，這就是周朝有名的國鄙之分，或稱國野之分。這樣建立的城郡，其政治性與軍事性自然十分昭顯。故《說文》解釋說：

　　　城，以盛民也。

《吳越春秋》也說：

　　　乃築城以衛君，造郭以居民。

就是直指周代築城的主要宗旨。

周朝所築之城，一開始就頗具規模，不是靠小村落漸漸擴展而成。這是中國城市史的特色之一，值得注意，周代城郡規模大，原因之一是，城郭所要「盛」之民，要「居」之民並非碰巧聚於一處之民，而是周室派來進行武裝殖民之集團。每一個集團都是一個氏族或宗族，有血緣關係。想來人數太少的氏族，周室是不會派給這種武裝殖民的使命，去了以後會有被土著消滅的可能。被封的氏族，一定人數夠多，到遠方殖民，能夠團結自保，到達轄區後，築城守圍，還相當安全。這與由小村鎮擴展到城市的自然發展過程迥然不同。

其次，周代所建之城郡，雖然是以政治目的及軍事目的為主，但也附帶若干次要功能。所以周代之城郡從一開始就是多功能城郡，不像中世紀西歐的城市是由商業城市的單一功能逐漸擴展演變成多功能城市。在其他條件相同時，多功能城市注定要比單一功能城市規模大。

周代的國野之分，並不是歐洲中世紀城鄉那樣的職業分野。國野是民族之分，是統治者與被統治者之分。換言之，其人口分布是政治性分布，周人是善於農耕的農業民族。其族人被派至各地進行武裝殖民，不會立即放棄其專業。到達轄區後，很多國人仍要務農。但是為了安全起見，他們必須與其他國人集居在城內，受到同樣的保護。諸侯為他們這批務農的國人在臨郭的近郊開闢了一些農田，供他們耕作。所以周代之城郡裡有相當數量的農民居住。其次，有許多氏族是從事手工業生產的專業氏族；或者較小的家族單位是工商業者。根據他們的政治身分，他們應享受國人的待遇，居住城內，受到保護。事實上，周代的工商業生產已被正式納入行政

系統，算是政府的一部分，即「工商食官」之制。總之，周朝有許
多農民及工商業生產者，因為政治身分而居住城中，使得周之城郡
從一開始就以多功能姿態出現，而不是後來發展的結果。

　　上述之情形，先秦文獻有明確的記載可證。《莊子‧讓王篇》
中記載道：

> 孔子謂顏回曰 …… 家貧居卑，胡不仕乎？顏回曰，不願
> 仕。回有郭外之田五十畝，足以給飦粥，郭內之田十畝，足以
> 為絲麻。

顏回是國人，住在城內，而且有資格出仕，但他寧願務農，耕種郭
內、外六十畝田。可見國人有務農者，郭內、外留有耕地。《管子
‧大匡》說：

> 凡仕者近宮，不仕與耕者近門，工賈近市。

周代的城郡是多功能的，但卻有計畫性，居民按照職業劃定居住
區。國人務農者有附郭農田，故應居住在城門附近，以便早晚出入
城門，來往耕地。此外，田單的故事也可說明此事。戰國時燕國曾
攻下齊國七十餘城，田單孤軍困守即墨，在城中收得千餘牛，以火
牛陣大破燕軍。當時牛可駕車，也可耕田。在即墨城中得牛千餘
頭，想來其中定有耕牛，由國人務農者在城中飼養。

　　周代城郡中，農業居民的人數或比重很難估計。《國語‧齊
語》中說齊國都城共分為二十一鄉。鄉是當時城中的行政區劃。據
記載，這二十一鄉中「士鄉十五，工商之鄉六」。士是政府的行政
人員，占城市居民七分之五，似乎太多。很可能此處是士與農併為
一類，與工商相區別。所以「管子」又問道：

> 士之身耕幾何家？

兩者之比例究竟不詳。不過，國人務農者只限於耕種附郭之田，不

能離城太遠，晚上耕畢，還要回到城內家中，這樣，人數不可能太多。像臨淄這樣二三十萬人之大城，不會有幾萬農民；即令中小城，務農國人之比例也不會超過半數。所以周之城郡，基本上是符合前面的城市定義。

春秋戰國以後，中國的政治體制徹底改變，但城郡的政治性卻遺存下來。當年諸侯的都城，被秦改爲郡縣的治所，也就是地方政府的官署所在地，爲全國統一行政系統的網點。這些城郡之間分爲各層級，有上下管轄指揮之關係。而各級政治單位及其治所之城郡，都由政府命令設置或取消。一個地區達到一定人口時，政府便設縣，並指定縣治所在地，集若干縣，便設府，再向上便是省級單位，各有治所。秦制萬戶爲縣；秦以後歷朝也有定制，但人口標準較高。邊區地帶，情況特殊，爲了軍事目的，設縣的標準要低一些。這些設有治所的城郡數目，秦以後逐漸增加。 西漢時，包括縣、邑、道、國四類的縣級單位共計1,587個。東漢時因疆域變更，數目減少了四百多個。大體說來，除了邊陲地帶，中原地區的縣治數目，從宋到清已穩定在一千五百左右。宋以後，在縣治以下，又有許多市與鎮的單位出現，基本上也要由政府明令設立或廢除。但沒有縣級治所。

政治性的城郡遠不如工商城市穩定。政治性城市往往變成敵對政權的攻守對象。中國歷朝戰爭，都以攻占城池爲目標，而不重視鄉野。「爭城以戰」、「據城以守」、「殺人盈城」、「屠城」等事，屢見不鮮。很多大城郡，往往一夕之間化爲灰燼。京師首都，這種動盪尤其大。董卓興兵，焚燒了洛陽，三十年後魏文帝即位，洛陽城內已樹木成林①。北宋時，長安已非首都，長安舊日之太液池等處已墾種成田。即令是中小城郡，也會因政治的重要性改變而

屢有興廢。例如臨清，北魏太和21年（491）設縣，齊時即廢，隋復置，宋寧熙間降爲鎮，尋復置。此類例證尙多。

　　以上是說明中國歷史上的城郡主要是政治性的，並且指出其明顯特色。當然，這些城郡本具多功能，包括經濟功能，如交通便捷，工商業發達。有些城郡在發展一段時期後，其經濟功能竟超越政治功能，看來已像是工商業城市。例如史記中所列舉的各大都會，以及唐之揚州與宋以後的蘇州，其政治重要性已被經濟功能所淹沒。宋以後，國內各地出現了許多市鎮，它們原無政治功能，政府完全是根據它們的經濟重要性而明令設置。江南的若干大鎮、以及漢口、佛山、景德等鎮，規模早已超過若干縣治城郡，但也只有市鎮的名分。不過這許多經濟性城市的人口，只占中國歷史上城市人口的極小比例。總的說來，中國的城市史，仍以那一千五六百治所所在地的城郡爲主體。

　　與中國城市史有密切關係的第二項因素是戰國以降城鄉人口之自由交流。從西周開始到春秋末年，周室基於武裝殖民的要求，建立國鄙之制。國鄙之分相當嚴格，一來以區別身分之差異，二來可以保障國人的安全。野鄙之人可以進城來參與市場活動，進行買賣交易，但不得在城中定居。到了戰國時期，這種劃分已無必要，人爲的界限便逐漸淡化，終於消失。於是「野與市爭民」，城鄉人口開始對流。國人務農者會覺得住在城裡，日間出城到田間耕作，十分不便，不如索性遷居鄉野，或者因爲城郡逐漸擴展，郭外郊區土地改變用途，務農者不得不遷居農村。另一方面，野鄙之人，也有進城居住，改操他業者。政治上，國鄙居民的身分差異已經泯除。

---

①《三國志》，卷廿七，〈王昶傳〉。

《孟子·萬章下》說：

> 在國曰市井之臣，在野曰草莽之臣，皆謂庶人。

已是一視同仁。《墨子·魯向篇》說：

> 凡入國，必擇務而從事焉。

說明城外之人入城謀職，已屬常見之事。《周禮·地官》說：

> 徙於國中及郊，則從而授之。

則是法令上已賦予人民遷徙之自由。這種自由從此在中國社會上成了定型。這點與西歐中世紀封建莊園下的城鄉對立，人們不得自由合法交流，是迥然不同的。中國歷史上的城市，人力資源未曾受到制約。城郡因而有源源不斷、無窮無盡的再生力量。有許多大城市曾經被戰爭夷爲平地，但只要政府認爲有必要，這些城市都可在短期內重新出現，並繼續擴展。如果城郡停滯或萎縮，很少是因爲人力資源的制約，而是另有原委。

中國人常說農民安土重遷。但這是一種心理狀態，而不是一種制度。農民很少遷移，不是他們不可以遷移，而是他們不願意遷移。他們世代務農，不是他們不可以棄農從商，而是他們不願棄農從商。

事實上，中國人民的流動性及擇業自由都很大。在人口流動方面，少數的實例是由政府強制執行或加以組織與督導者。許多王朝立國之初，以命令方式，遷徙他處富戶以實京師或陵縣，或是掌握工匠或技藝人員在京師，以供利用。這是強制性的。東晉初，北方豪族巨室有組織的大批隨王室南遷，則曾有政府的協助或鼓勵。

不過，絕大多數情況，人口流動是人民自動自發的。零星的情形如農村人中試進城，或經商進城；反之，官員有告老還鄉者，商人有由商返農者，即以末取之以本守之的人。大規模的人口移動，

史不絕書，動輒百萬人以上，尤其是有災荒發生的地區。《漢書·谷永傳》稱，成帝時因災荒而導致的流民以百萬計，《後漢書·石慶傳》說，武帝末年關東流民二百萬口，《後漢書·桓帝紀》稱，飢民有數十萬口，流沉道路，冀州尤甚。其他各朝代，每逢荒年，情況大致如此。

　　即使在正常年頭，人口也是從農業生產力低的地區向豐沃地區移動。從東漢開始，中國人口便逐漸由北向南移動。這種趨勢，千餘年繼續未斷，只是有時快有時慢。根據近人所整理的中國歷史人口數字，按北方（河南、河北、山東、山西、陝西五省）及南方（江蘇、浙江、安徽、江西、湖北、湖南、四川七省）劃分，計算人口比重②，變化如下：

年代	北方	南方
公元12年	65.9%	22.7%
282	45.4	30.2
813	27.5	45.9
1079	30.3	48.4
1290	11.2	62.9
1724	43.5	36.8
1790	30.4	48.4
1840	25.0	53.7

②趙文林、謝淑君，《中國人口史》（北京：人民出版社，1988年），頁604－606。

如以個別省份而論，最突出的例子就是清初「湖廣塡四川」的情況。康熙24年（1685），四川人口僅及百萬，至嘉慶17年（1812）便增至2,000萬出頭。據估計，其中85％是這一百二十多年的移入人口及其後裔③。面對這樣驚人的移民潮，我們無法否認中國人民的高度流動性。

在人口流動性的問題上，有兩點要特別提醒讀者注意。第一，因爲中國人口有高度的流動自由，正式的城市人口統計可能嚴重偏低。不但官兵不在「民籍」之內，政府文職官員也不在「民籍」之內，此外還有大量的不在籍流動人口。尤其是大城市，這種現象特別普遍。許多人的戶籍是隨著地籍走，他們在農村有土地，人便算是鄉村人口，雖然常年累月，甚至數代相因，人是常居城市，而籍設農村。因此造成城市人口數之偏差。相反的情形，人居住鄉村而籍設城市者，爲數甚少。兩者難望抵銷。

第二點應該提出說明的是，中國人口的流動性在歷史前期最強烈顯著，到了明淸則漸趨衰弱。這不是因爲政府人口控制加強或其他有關制度之變化，而是一個自然的變化趨勢。中國經過長時期的人口再分配，各地區的土地生產力與人口密度逐漸取得平衡，人口移動的誘因減弱。到了淸朝，抛開邊境開荒不論，中原地區最後的一次大移民潮，就是淸初的湖廣塡川。這是明末張獻忠在四川大屠殺，造成四川地區半眞空狀態所導致的特殊後果。四川境內的移民潮到了嘉慶時也大體停止。此後各地區再少有大規模移民的現象。此時已是各地都人滿爲患，移民的利益很少，而風險相對增大。本

③王笛，〈淸代四川人口、耕地及糧食問題〉，《四川大學學報》，1989年第3期，頁92。

鄉固窮，別處同樣窮，移去以後可能還無法達到原來的生活水準，反落到流落他鄉之苦。換言之，此時已是民無可移之處，只好大家都靜止下來，忍受眼前的貧苦生活。

以城鄉之間的人口流動而論，到明清之時也是相對靜止下來。最主要的原因是在全國大範圍內已出現人口過剩的現象。經濟分析說明過剩人口會形成陷阱，並造成惡性循環。一旦有人口過剩的現象，城市裡的生產單位並無法容納這些過剩人口，只有農村可以收容他們，成為隱蔽性的失業人口。這就是為什麼路易士所設立的落後地區二元經濟模式中，假定只有農村能夠以無限大彈性提供勞動力的道理。在城市中，對於生產單位而言，勞動力是可變要素，有利時便雇用，無利時便不雇。但是農戶所收納的過剩人口是他們的子弟或親人，這些人在城市中找不到工作，只能回到農村來就食。所以這些過剩人口已不再是可變生產要素，而是不變生產要素，農戶需要他們時固然好，不需要他們時，也得收留供養。農戶們也就把他們視為不變要素來使用，直到邊際產量達到零時為止。換言之，既然非收養這批人不可，則不能讓他們在家中吃閑飯，而要給他們安排一點工作，能掙一文錢總比一文不掙要好，不必計較勞動力成本。

近年來，西方學者著力研究歐洲早期的鄉村工業，稱之為工業化原型（proto‒industrialization）。我曾為文補充，說明這種鄉村工業可能造成兩種不同的後果。一種可能是鄉村工業為正式工業化開路，兩者連成一氣。這是西方學者所注意的。另一種可能是鄉村工業變成了工業化的障礙，發揮無比的抗拒力，來阻止工廠之興起與工業化之進程。後者有中國明清的實例。而這種現象之形成，就是因為有大量過剩人口寓藏在農村，被農戶當做不變生產要素來使

用，不計勞動代價，從事可能生產的物品，進入市場與城市的生產
單位相競爭。

人口過剩是一個十分簡單的概念，不必把它看得太神秘。明清
時期江南地區的方志中常有記載，俯拾即是。例如嘉慶《嘉興府
志》卷三四說：

> 田收僅足支民間八月之食。

如果你問農民為什麼不再多勞動一些時間，增加1/2的產量，豈不
就夠一年十二個月的食用了嗎？農民一定會回答，再多勞動也沒有
用，夠「八月之食」是最高產量。用經濟學術語來說，再增加勞
動，邊際產量是零，增勞不增產，總產量已經到了頭。如果只有一
家兩家出現這種現象，我們可以稱之為貧窮問題；但如果整個地區
普遍出現這種現象，那就是人口過剩的徵兆。其原因是人多地少，
農產總量受到耕地面積所限，無法為當地農民提供全年所需的糧
食。

在這種情況下，農戶既然無法把過剩的人口送到城郡裡去就
業，就只能就地設法利用，不計勞動代價，從事副業生產，以副助
農，將副業產品拿到市上出售，從外地換得糧食，供全年吃用。明
清時期的中國江南地區就是這種情況，農戶普遍以副助農。他們所
選擇的副業生產是棉紡織業，其次是蠶桑絲綢之生產。於是江南地
區，尤其是松江一帶，農村中家家戶戶紡紗織布。其生產之棉布遠
銷全國各地，松江號稱是衣被天下。

據吳承明先生估算[④]，鴉片戰爭前，中國每年生產約6億匹棉

---

④吳承明，〈論清代前期我國國內市場〉，《歷史研究》，1983年第1
期，頁99。

布，其中52.8％是以商品形態在市場上出售，計3億1,500萬匹。這是一個十分重要的數字，具有極大的啓示性，學者讀過吳承明先生的論文及後來的專書者很多，但是大家居然絲毫無動於衷。在1829－1831年間，全英國每年的棉貨總產量是2億3,800萬磅，其中外銷全世界的數量是1億6,000萬磅[⑤]。如果按每匹棉布重20兩（即1.45磅）來折算，中國在鴉片戰爭前，每年生產8億7,000萬磅，其中銷售量是4億5,700萬磅。必須指出的是，英國所謂的棉貨是包括棉紗及棉布兩類，而棉紗所占比重不小，尤其是出口的棉貨。現假設英國棉貨產量及出口量中60％是棉布，40％是棉紗，則中國棉布產量是英國之6倍，中國棉布的市場銷售量是英國賣到全世界的棉布量的4.7倍。

如以單項商品而論，中國土布的市場是全世界最大的市場，其1/6的需求即足以維持全英國的棉紡織廠開工生產。然而在中國，有6倍的棉布有效需求量，商品值近1億兩銀兩，布商們共有的資金也不下1,000萬銀兩，卻無法誘發城郡中出現一家手工棉紡織廠。每年的6億匹棉布全是個體小農戶以副業的方式生產的。請問我們如何能以「常理」來解釋商業對城市化的推動力？在中國，這種推動力爲何消失得無影無踪？

事實上，除了蘇州等一二城郡以外，中國龐大的棉布市場與交易量，對於大城郡幾乎很少發生影響。每年銷售的3億1,500萬匹棉布，恐怕只有15％是賣給城市居民，而85％是由江南地區直接賣到北方農村居民手中。這龐大的數量是鄉村對鄉村的交易，根本就越

---

⑤R. Robson, *The Cotton Industry in Britain*（London：Macmillan, 1957），p.2.

過了城市。相反的，挾資巨萬的布商卻愈來愈向農村靠攏。城郡不是貨源地，農村才是眞正的貨源地。於是明淸時期在江南地區出現了眾多的市鎮，作爲布商向農戶收購產品的集聚點。這也是歐洲從來沒有過的現象。

最後再談一談糧食供應對城市化的制約。在19世紀五口通商以前，即令在沒有海禁的時候，中國進出口的糧食數量始終是微不足道。城市全靠國內生產的糧食供應。幸而在宋以前，中國的餘糧率很高，足供城市消費而有餘，並不實際發生制約作用。但是南宋以後，由於糧食產量之增加追趕不上人口的快速增殖，餘糧率開始緩慢下降，最後終於阻滯了城市化的進程。

相對於歐洲而言，中國早就發展出高明的農業生產技術，農業在很長的時間內都是先進的生產部門。戰國初期，李悝對魏國的農業概況及農戶家計有扼要的說明。當時每戶農戶平均有5口人，治田百畝，每年生產糧食150石，其中15石要以租稅的方式繳納給政府，45石通過商業管道賣給非農業人口。總的餘糧率高達40％。以當時的城市人口比重，是無法消納這樣多的農村餘糧，所以市場上的糧價跌落至每石30錢。這就是穀賤傷農的現象，因而「農夫有不勤耕之心」。也就是說農民失去了生產的積極性。李悝所倡擬的「盡地力之敎」，其實就是一套糧價政策。農戶每家售糧45石，每石售價30錢，得款1,350錢，不敷農戶開銷；如果能設法將糧價提高至60錢一石，每戶便可售得2,700錢，能支付開銷而有餘。

先秦文獻中，常常述及穀賤傷農之現象，正表示當時的餘糧率很高，商品糧過多。如果餘糧率在10％以下，則餘糧進入市場後，不論糧價有如何大的波動，對於農民們的生計都不會有太大的影響。穀賤傷農之現象只能發生在餘糧率高的農村裡。

中國歷史上，農村的餘糧是透過多種管道進入城市的，這點與西歐中世紀的情況大不相同，算是給中國城市糧源增多一些保障。中國農村主要是小農經濟，一家五口是歷朝的標準農戶。這樣的小農戶人力資源有限，無法樣樣東西自給自足，必須仰仗與外界之交換。李悝已經指出，農戶的家人衣物、社閭活動、春秋祭祀、醫療費用，全須現金支付。所以小農戶不能不出售其餘糧，換取現金。

李悝又提到，農戶要繳納十一的實物田賦，這是政府以其課稅權強制調集農村餘糧。此後兩千多年，歷朝政府從來沒有放棄此一管道。政府有能力強制徵調資源，往往可以提高城市人口的集中度，建立超大型的城郡。中國歷朝政府都將漕運列為頭等大事，每年從遠方調集食糧。除糧食外，朝廷還可強制調集其他物資，例如明朝從湖南調集建築木材，清朝在山東臨清設立磚窯，專供京師所需磚瓦，歲徵城磚百萬⑥。這些都是中世紀西歐城市辦不到的事；對於笨重的物資，它們只能透過商業管道，就近取用。所以中世紀的歐洲城市，遠比同時期中國的大城郡為小。

從秦漢開始，城鄉糧食流通又增加了第三條管道。土地私有化以後，有一部分土地的所有權逐漸集中，形成地主家庭。他們把耕地分別零星租給佃農，收取實物田租。地主家庭自我消費一部分租糧，剩餘的就賣入城市中，換取現金。雖然這種流通方式最終還是要借重商業管道，地主之取得糧食卻是半強制性的，超過農戶自願出售的數量，其結果自然會增加城市的糧源供應。

秦漢以來兩千多年，城鄉間糧食的流通管道沒有什麼變化，但

---

⑥楊正泰，〈明清臨清的盛衰與地理條件的變化〉，《歷史地理》，第3號，頁118。

是全國的平均餘糧率卻有可觀的起伏波動。這主要是因為人口快速增加，人地比例惡化，農業生產力及糧食總產量雖然不斷在增加，但卻落在人口增加率的後面，以致每人平均占有糧食數量趨於下降，餘糧率便隨之下降。吳慧先生與我曾分別估算了歷代每人平均占有原糧的水平[7]，現表列於下：

	吳慧	趙岡
西漢	963市斤	574市斤
唐	1,256	716
宋	1,159	906
淸中葉	628	830
近代（1949）	418	418

我們兩人計算出的絕對量出入很大，但是變動的方向與轉折點卻是吻合的。簡言之，從西漢到宋，每人平均糧食占有量是不斷上升，但是從南宋開始，則日趨下降。

每人平均糧食占有量自然反映餘糧率，進一步影響到城市化的進程，以及城市人口集中的程度，也就是大城市的規模。最明顯的是，南宋以後京師的人口數下降，在20世紀以前，中國境內再也沒有出現過宋時開封與臨安那樣大的城郡[8]。另一方面，京師的糧食供應圈卻不得不擴大，漕運的平均運距延長[9]。

⑦吳慧，《中國歷代糧食畝產研究》（北京：農業出版社，1985年）；趙岡、陳鐘毅，《中國農業經濟史》（台北：幼獅文化事業公司，1989年），第7章。

四、結論

綜合上面各項宏觀因素的分析，再配合已知的中國城市發展史的微觀資料，我們可以看出中國的城市發展是經歷了三個階段[⑩]。

到南宋爲止，是第一個階段。此時期城市人口的變化有兩大特徵。第一，城市人口不但絕對量上升，而且占總人口之比重也緩慢上升。換言之，城市人口比全國總人口增加得快。第二，人口有向大都市集中的趨勢，大都市的規模迅速膨脹。

南宋以後則進入第二階段，城市化之進程陷入停滯，城市總人口之絕對量幾乎沒有什麼增加，但是全國總人口則在不斷增加，城市人口之比重便日趨降落。這種趨勢到19世紀中葉已達谷底，城市人口之比重由南宋時之22％降到6％左右。在這同一時期，城市人口不再向大都市集中，幾個大都市的規模都比兩宋時縮小許多。城市人口反而向農村靠攏，形成江南地區的眾多市鎮。

19世紀中葉五口通商以後，城市化進程轉入一個嶄新的階段，沿海各大商埠相繼開闢，現代化的工業逐漸興起，再加上政治不安定，迫使人口向沿海商埠集中。此時，每年都有大量的食糧進口，彌補了國內糧食供應之不足。南宋後長期下降的城市人口比重，開

---

⑧趙岡、陳鐘毅，《中國經濟制度史》（北京：中國經濟出版社，1991年），第6章。

⑨趙岡，〈歷代都城與漕運〉，《大陸雜誌》（1992年）第84卷，第6期，頁1－12。

⑩《中國經濟制度史》，第6章。

始回升,而且回升的速度是驚人地快。城市人口的絕對數上升的速度更不止此。這種趨勢至今尚在不斷進行中。這是中國城市現代化的一頁。

第二章 先秦城市

一、夏商城市

中國歷史上城市出現很早，但究竟早到什麼年代，則要視城市的定義如何而定。如果我們以兩千居民的聚落爲城市之下限，則中國古代的城市只能上溯到夏代。目前已發掘的夏代以前城堡遺址有下列幾處[1]：

(1)河南安陽后崗古城，位於河南安陽市小屯村東的后崗，有版築而成的牆，圍著高崗上的龍山文化遺址，據測定是距今4355±135年築成的。牆內的面積不算大，但面積確數很難測定。

(2)河南登封王城崗古城，每邊長約90米，周長不足400米，總面積不足1萬平方米，建築年代據測定是距今4405±109年。

(3)河南淮陽平糧台古城，遺址平面呈正方形，長寬各185米，總面積約3萬4千多平方米。圍牆係採用小版築堆築法夯築而成。只有兩座城門，但有陶製的排水地下管道；城內尙有三座陶窰和一處冶銅遺址。經測定，年代在距今4355±175年以前。

---

①北京市社會科學院歷史所編，《北京與中外古都對比研究》（北京：燕山出版社，1992年），頁32－53。

　　以上三座古城遺址，面積都很小，容納不下兩千居民，在我們城市定義的下限之下。而且，從出土的實物判斷居民住所分布散亂，缺乏規則。所以許多學者認為這些不過是有圍牆的村莊，充其量只能稱之為雛形城市。

　　可能是夏代的城堡，目前只發現兩處遺址[2]。夏代的紀年，一般認為大約距今4100年至3700年。符合這個年代的第一座出土遺址是山東省章丘縣龍山鎮城子崖古城。城址南北長450米，東西長390米，總面積約17萬5千平方米。年代是距今4025±170年或稍晚。城牆係版築而成。如果按每一萬平方米居住100-120人估算，則此城總面積幾可容納兩千居民，已達到或接近上述城市規模的下限。

　　另一座夏城遺址是二里頭古城，坐落於河南偃師縣二里頭村。遺址在洛河、伊河之間，面積達375萬平方米，已然是一個大城市的規模，遺址中發現兩座宮殿以及相當數量的居民房基、窖穴、窯址、銅鑄陶範。顯然這座城市是政治中樞兼具工商業中心。

　　二里頭古城遺址當年存留的時期很長，從堆積層判斷，可分四期，前二期為夏文化，後為商所繼承，而第三、四期即為商早期文化。至於這兩段時期中，二里頭的古城是如何發展擴充，則還有待進一步發掘來說明。

　　真正屬於商代的城址，也有五處出土。最典型的是河南偃師的商城，鄭州商城及殷墟。偃師商城與二里頭遺址緊鄰，相距六公里。此商城距今約3500年，是商代初年的城池。這座城南北長1,700餘米，東西寬度不一，最寬處1,215米，最狹處740米。總面積190萬平方米。若按每一萬平方米居住100-120人計算，此城已能容納

---

②同上。

近兩萬人。此商城城牆係夯築而成，有基槽，東西北有七座城門。南牆毀於洪水，估計應與北牆對稱，也應有一城門。城內套有三個小城。一號小城有宮殿基址，分正殿及配殿，當是宮城。小城之外有排列整齊的建築，顯係有規則的部署。

鄭州商城的規模更大，城牆周長6,960米，面積約280萬平方米。城內東北部有宮殿基址數十處，應該是當年的宮殿區或行政區，此外有平民居住區。鄭州商城實際上已經發展擴充到城牆以外的郊區，包括郊區的總面積竟達25平方公里。城郊有許多手工業作坊。南郊及北郊各有鑄銅作坊一處，從出土的實物來看，兩處作坊的產品種類性質不同，顯然已有行業內部的分工。西郊有製陶作坊遺址，內有十四座陶窰，也有內部分工的迹象。作坊中發現的陶器數量之多，可以說明不是專爲王室生產，而是民用手工業作坊。

安陽的殷墟是商朝晚期的王都遺址，總面積在24平方公里以上。內有宮殿區，居民點、手工業作坊，包括鑄銅作坊、製骨器作坊、玉器石器作坊。不過殷墟迄今沒有發現城牆遺跡。

按照我們爲城市所立的標準，從二里頭文化遺址到殷墟無疑地都可以視爲中國早期的城市。換言之，城市在中國之出現，可以上推至4000年前。《吳越春秋》說：

　　鯀築城以衛君，造郭以居人。

所指的時期是很接近的。這些城市之主要目的是政治性的，有明確可辨的宮殿區或宮殿群。尤其值得注意的是二里頭文化遺址與偃師商城，不但時間上相近，而且地理位置也很接近，相距只有6公里。世界上早期的工商業城市沒有相距如此近者，從經濟角度來看，這是互相重疊，浪費人力與資源的事。但是政治性的城市，這種情況就不乏實例。距離很近的城是政治上嬗遞承繼的跡象。秦之

咸陽與漢之長安相距不遠。漢之長安在龍首原的北側，隋另建大興城之新城，在龍首原之南側，兩者相距更近。後來的金之中都，元之大都，明之燕京，更是有意大部分重疊。這表示在改朝換代時，後立之朝代要接替前朝的法統與社稷，另一方面又要建築自己嶄新的宮殿，做爲新政權的象徵。

從這些古城可以看出，雖是政治性城市，卻具有多功能。遺址內都有不少的手工業作坊，規模可觀，且有內部分工。手工業作坊的產品種類多，並且產量高，是供應一般民用者。似乎在這個時期，手工業生產系統與行政系統已是密切關聯的。所謂的「工商食官」，不必是周代的制度，殷商已是如此。三千年前中國已行公營企業制度，三千年後又繞了一個大圈子回到國營企業的制度上來。據後來文獻顯示，殷商的手工業生產者是以氏族爲單位，專業化生產。有些甚至以其產品爲氏族之姓氏，爲本氏族之標幟；索氏是繩工，長勺氏及尾勺氏是酒器工，陶氏是陶工，施氏是旗工，繁氏是馬纓工，樊氏是籬笆工。這些手工業專業氏族，殷亡後並未解體。周仍前朝之制，將工商業納入政府體系內，故政治性城市始終是多功能的。

二、周代城市

中國政治性城市之特色，到周朝就變得十分凸顯。周朝所建立之城市，確立了今後兩三千年中國城市的基本型態。《吳越春秋》中說的：

> 鯀築城以衛君，造郭以居人。

衛君之城防禦的是什麼？是敵人？是洪水？居人之郭所居何人？到

現在還不知其詳。而且，二里頭與殷墟連城牆也沒有。周朝建立的城市，則普遍有城有郭，城郭之外又加上一道濠或池。「城池」是普遍的型態，其防禦性能十分明確，是對人，而不是防水患。並且，城內所居之人是什麼身分，文獻也有明確記載。《吳越春秋》所說的衛君居人，應是根據周朝的城池來定性的。

要解釋周朝城池的基本性質，先要說明城內居民的政治身分。有些中國學者習慣於背誦教條套框框，認為中國古代一定經歷過奴隸制度階段，而周朝征服殷商以後，就是實行種族奴隸的制度，征服者奴役被征服者。他們完全不管奴隸制度的必要條件是否存在。要知道，如果必要條件不存在，給你奴隸你都無法役使。中國歷史上長期有奴婢及奴隸這種人，但是以奴隸為主要生產方式的制度是否在中國歷史上出現過，迄今並無明證，我們無法盲目肯定中國歷史經歷過這樣的一個階段。

「奴役」與「統治」並不是兩個同義詞，奴役是統治的方式之一，但統治不一定非以奴役為手段不可。實行奴隸制度的先決條件就是統治集團對奴隸的人數對比關係。奴隸制度是最有強制性的統治方式。在上古時期，沒有特別有效的武器。當時最普通的武器就是大的樹枝做成的棍棒，以及地上的石頭，這些是任何人隨時隨地都可取得的。棍棒與刀劍，石頭與箭矢，殺傷力差別究竟有限，一個拿刀的人無論如何是難以對敵十個拿棍棒的人。所以古代實行奴隸制度的社會中，統治集團的人數與奴隸的人數不能過於懸殊。奴隸人數的比例過小，則夠不上稱為奴隸制度社會。奴隸比重過高，統治集團便沒有安全保障，難以長期存在。所以奴隸制度是特殊條件下的一個特殊制度。

在公元前11世紀，周族以「小邦周」打敗了「大邦殷」，同時

也征服了商王朝的聯盟部落以及散居各處的獨立小土著部落。從全國範圍來說，做為新統治集團的周民族只是一個少數民族。少數民族可以統治多數民族；但是少數民族決無能力來奴役多數民族，使他們變成種族奴隸。這只能是教條學者的幻想。

　　周王朝只能把他的部衆分成若干股，加上殷王朝遺民中臣服後表現特別忠誠可信的氏族，分派到各地，進駐廣大占領區，建立軍事據點，進行武裝殖民，「以藩屏周。」《漢書·地理志》說周初分爵五等，加上附庸，共封千八百國。《呂氏春秋·觀世篇》則說：

　　　　周之所封四百餘，服國八百餘。

究竟那個數字正確，如今已很難弄清楚。但我們至少可以判斷兩件事。第一，周王朝派出進駐的武裝殖民單位是以有血緣關係的氏族爲核心。每個武裝殖民單位的人數不能太少。如果派出的是一個三兩百人的小單位，則有可能被轄區境內人數衆多的被征服者及土著部落所吃掉。每個武裝殖民單位應有一個最低的安全人數。第二，也因爲這種人數之懸殊，被派出的武裝殖民單位對轄區內的被征服者，不能採取高壓的統治手段，只能實行懷柔與綏靖的政策。

　　對統治集團而言，人數的考慮是事關生死安危的至要因素。事實上，周人已感本族人丁不敷分配，不得不借重一部分臣服的殷人，即文獻中所載之「殷民六族」、「殷民七族」、「懷姓九宗」等，夾雜在周人之間，前往各區去進行武裝殖民。其中「殷民六族」及「殷民七族」，是殷商本族各支，若依今日的強烈民族主義，這些殷商遺民參加新統治集團，應稱爲殷奸。然而當時民族主義觀念淡薄，尚能相安無事。至於「懷姓九宗」，則非殷人，杜預認爲懷姓九宗是唐之遺民，歸殷管轄，後與殷人一併臣服於周。王

國維〈鬼方昆夷玁狁考〉，則說懷姓九宗是春秋隗姓諸狄之祖也。即使分給魯公的殷民六族中，也雜有非同姓的徐氏，是少數民族徐戎氏族。可見前往各處進行武裝殖民各單位內之分子也很複雜。周王室爲了解決人數問題，煞費苦心。

　　各武裝殖民單位到達指定的轄區後，便選擇一個條件優良的聚居點，全單位人員及家屬都住在一起，守望相助，以策安全。後來索性在聚居點之外圍築起城郭，挖出濠溝，算是防禦工事。所選之地點，據《管子‧乘馬》說：

> 凡立國都，非于大山之下，必于廣川之上，高勿近旱而水用足，下勿近水而溝防省。

這是指自然條件而言。築城池則是軍事性及政治性。所以這些城市一出現就是以政治性爲主。

　　城中之居民稱國人，「造郭以居人」，所居者即國人，即殖民單位原來帶來的全班人馬。城郭以外散居的是原住民的土著部落及其他被征服之人民，稱爲野人，或鄙人。據《史記》夏本紀及殷本紀說，夏商也是行分封制，被封者以國爲姓，但受封人之身分及與夏王室的關係已不知其詳。近人又舉出甲骨文中有「鄙」字出現，是指郊野田野而言，故認爲國鄙之別實在是三代通制[③]。這一點，尚無法確切證明。很可能在周以前鄙字只是一個普通名詞，而非一種制度，周室分封後，利用原有之詞彙來指稱其所建立的制度，鄙變成了專用名詞，制度性名詞。甲骨文有鄙字出現，並不能證明國鄙之分是三代通制。

---

③史建群，〈簡論中國古代城市布局規劃的形成〉，《中原文物》，1986年第2期，頁91。

周代的國人野人之分，是政治身分的劃分，是統治氏族與被統
治民族的劃分。當然這也是居住區的分別，即城裡人與郊外人，但
這種地域區分不重要。國人是統治集團的族人，政治身分高於鄙
人，享有若干特權。譬如說，國人受到城池的保護，比較安全；鄙
人散居郊野，沒有這種保護。但是鄙野之人絕非種族奴隸，受到國
人的奴役。周王室的武裝殖民，沒有實行高壓政策的跡象。以少數
民族統治多數民族，只能採取懷柔政策。鄙野之人稱為庶人或眾
人，基本上仍是自由民，只是受到若干限制而已。他們不能進城與
國人混雜而居，只能住在城外鄉間。國與鄙之間有一圈狹窄的地
帶，稱為郊，算是兩者的分界，或是緩衝地帶。郭外郊內的土地，
是附郭土地，供城中國人使用。野鄙之人的職業主要是農業、漁
業以及狩獵；手工業及商業是國人的職業。鄙野之人從事農耕者，
可以從公家受領定額的公有耕地。農戶只有此份地的使用權，而無
所有權。受領耕地者要在助法或徹法的課徵制度下提供勞役或實
物。但這不是奴役，而是相當於後世公民的納稅義務。鄙野之人每
日在指定的時辰內可以進城到市上去出售他們的農產品，而換取手
工業日用品。這種種限制到了戰國時期已逐漸淡化而趨於泯除失
效。

在城中居住的國人，分子則很複雜。武裝殖民時是以氏族為單
位，凡是有血緣關係的人全都跟著走。這些人在內部有身分高低之
別，在職業上也不一致。此外，還要夾帶若干殷人遺民中的專業氏
族一同前往指定的轄區，一來是要湊足人數，以策安全，二來這些
專業氏族掌握特殊生產技能，要善加利用。所以，周朝建立的這些
政治性城市，從一開始就是多功能的城市。

周人是以耕稼起家的民族，擅長農業生產。想來他們在征服殷

商以後不會立即放棄農業生產。周王室派出執行武裝殖民任務的氏族，其中有些成員在到達轄區後仍會堅持從事農業生產。周代城市中注定了會有相當數目的農民，他們是國人身分，要住在城內，受城池之保護，同時從公家領到郭內或附郭之土地，從事耕作。《莊子・讓王篇》有關顏回的一段話，是典型例證：

> 孔子謂顏回曰，回，來，家貧居卑，胡不仕乎？顏回對
> 曰：不愿仕，回有郭外之田五十畝，足以給飦粥，郭內之田
> 十畝，足以爲絲麻。

顏回是國人身分，住在城內，但從事農業生產。《管子・大匡》說：

> 凡仕者近宮，不仕與耕者近門，工賈近市。

即是按職業劃分居住區，務農者近門，以便於出入城門。

　　所謂工賈，就是指殖民氏族攜帶來的那些專業氏族。除了手工業，殷商之人善於販賣，故賈人亦稱商人。若干商賈家族也被殖民單位攜至各地。當年工賈都是稀有的專業技術人才，即令是被征服者，政治地位不高，卻也要善加保護，住在城內，視同國人。在行政上，工商業直接受統治者管轄，即「工商食官」之制。他們被指定住在市場附近，以便於運送貨物至市場。

　　即令是統治階層，分子也很複雜，統治階級的上層有王、公、卿、大夫、士等層級。而在他們的下面又養活了許多官奴婢。中國蓄養奴婢之事，有三千年以上的歷史，直到清代末年才明令廢除。然而中國有奴婢或奴隸，卻沒有以奴隸爲主要生產方式的奴隸制度④。在戰國以前，中國只有官奴婢，是對罪犯或俘虜的一種懲罰

---

④趙岡、陳鍾毅，《中國歷史上的勞動力市場》（台灣商務印書館，19
　　86）。

制度。私奴婢是戰國以後私產制度建立後才出現的，到秦時才正式完全合法化。《漢書·王莽傳》中的王莽詔書說：

> 秦爲無道……壞聖制，廢井田，是以兼倂起，……又置奴婢之市，與牛馬同闌，制放民臣，顓斷其命，姦虐之人，因緣爲利，至略賣人妻子。

即是簡述私奴婢之起源。戰國以前只有官奴婢，歸貴族掌管，派遣使用。所以官奴婢住在城中，附屬於貴族之家，鄙野之地只有自由民的庶人，而無奴婢。官奴婢或爲貴族之家服雜役，或在官署從事低層工作，即皂隸之流。據《左傳》昭公七年所述，當時的官僚系統共有下列的層級：王、公、大夫、士，皂、輿、隸、僚、僕、台、圉、牧。其中前四級是貴族，後面的八級是按職務高低而劃分的官奴婢。在官僚系統以外，另有庶人、工、商三類中間人物，在貴族之下，皂隸等官奴婢之上。我們已經知道國人占當時總人口的比例很小，而官奴婢住在國中，是國人人口的一部分，占城中人口之比重也不會太高。由此，我們可以推斷當時奴婢占全部總人口的比重是如何之小。

要說明歷史時期的生產方式，不能單靠套公式，而必須證明某種生產方式的普遍性。在這點上，人數是一個重要的判斷因素。證明某時期有奴隸存在，並不等於是證明了這個時期是奴隸制度或奴隸社會。現在姑且舉《史記》中記述吳太伯的一段來說明這個道理：

> 吳太伯，太伯弟仲雍，皆周太王之子，而王季歷之兄也。季歷賢，而有聖子昌，太王欲立季歷以及昌。於是太伯、仲雍二人乃奔荊蠻……自號句吳，荊蠻義之，從而歸之千餘家。

吳之建國與中原諸侯有不同之處，但性質仍相近，可以說明問題。
「荊蠻義之」當然是沒有的事，其實也是武裝殖民的形態之一，區
別僅在於中原諸侯是正式奉周室之命前往各地，而太伯仲雍則是因
爭王位失敗而自動南奔。兄弟倆不會隻身前往，自然是帶著全部家
族人丁南下，否則無法立足。所到之地有土著千餘家，太伯仲雍兩
支人馬至少也應有百餘家。中原各殖民單位大體也要維持這樣一個
安全係數。 周初的國人與鄙人之比可能是一比十。 如果國人中有
30％是奴隸，則奴隸人口只占全國人口的3％以下。這個比重遠在
明代之下，也低於19世紀中葉美國南方黑奴的比數。那麼究竟那個
社會是奴隸社會呢？

　　國鄙之分，到戰國時期已然趨於消失。孟子重提井田制，仍主
張劃分國野，田制有別。但當時的環境已經與前不同，城鄉居民可
以交流，國野開始爭民，工商食官之制也已失效，人民可以自由擇
業。孟子在〈萬章〉篇自己也說：

　　在國曰市井之臣，在野曰草莽之臣，皆謂庶人。

政治上已趨於平等。城鄉由嚴格對立變成打成一片。雖然如此，周
朝城郡做爲行政中樞的政治性並未消失，在以後的兩千多年，這些
城郡始終是省級或地方級行政官署的所在地及治所，也就是層級制
下的行政網點。

　　周朝的城市不是由自然村演化而成，而是爲了執行周王室武裝
殖民政策而特地建築的。所以它們具有幾項特色。當年，爲了藩屏
周室而派往各地的殖民單位，基於與周王室的親疏關係及氏族人員
之多寡而分爲若干等級。但是，即令是最低的等級，其國人人數也
須達到安全標準，否則派出以後會被土著部落消滅。《漢書・地理
志》說：

> 周爵五等而土三等，公侯百里，伯七十里，子男五十
> 里。

這是指轄區而言。其所築之城也依等級而分出規模大小。《左傳》
隱公元年孔疏說：

> 王城方九里，長五百四十雉，公城方七里，長四百三十
> 雉，侯伯方五里，長三百雉，子男城方三里，長一百八十
> 雉。

不但城的面積大小要依等級，城牆長度也有限制。雉是專門度量城
牆的長度。依舊注，方丈曰堵，三堵曰雉。一雉之牆長三丈高一
丈。最小的子男國城方三里，約合一點五平方公里，如果住滿人，
可容納二萬左右的人口。

諸侯在城內修建自己居住的宮殿或官邸，也用牆與其他市區隔
開，稱之為都。都的面積也按諸侯等級定出大小。《左傳》隱公元
年鄭祭仲獻言鄭莊公說：

> 都城過百雉，國之害也。先王之制，大都不過三國之一，中
> 五之一，小九之一。今京不度，非制也，居將不堪。

所說的三之一、五之一、九之一，是指都應占全城面積的比例，過
大便是逾制，非禮也。

到了春秋戰國，原來周室所封之諸侯互相兼併，最後只剩下七
個大國，其他小國的城池在被併吞後便變成大國治下的城池，由大
國諸侯派遣卿大夫駐守治理。於是原本是互相獨立的城池。現在變
成了各大國轄區內層級性的行政網點。及秦滅七國，統一天下，全
國城池便連成一個統一系統，分層管轄，推行中央政府的政令。

從周初到戰國，無論大國小國，無論城內及野鄙，人口或多或
少都增加了。許多早期建築的城便感到不足容納日增的國人，不得

不增築新城。今天已出土的周代城池遺址，往往能看到這種擴展的
跡象。例如齊都臨淄即有大小二城；鄭韓城及易縣燕下都皆分爲東
西二城；邯鄲則是由一連串三個小城結合而成。也有不另加建新
城，而讓居民在城郊發展者。例如已發掘之楚都郢之遺址，城外已
有大片居民區。城市之擴張，文獻上也有明文記載。《水經注》上
說晉穆侯遷都於翼：

　　後獻公又北廣其城，方二里。

擴建城池是很普遍的事，所以《戰國策·趙策》說：

　　**古者四海之內，分爲萬國。城雖大，無過三百丈者，人雖
　　衆，無過三千家者。……今千丈之城，萬家之邑相望也。**

可見周初之大城也不過3,000戶，約15,000多人口。 由於人口增
加，轄區擴大，城池擴建，各國國都在規模上都逐漸升級了。據
《考工記》言，九里之城原是天子王城的規格。到了戰國，大國諸
侯也有稱王者，其國都往往超過舊制中王城的規模。

　　周代的城不是由自然村演化而來，而是爲了特殊政治使命而建
造的，所以有明顯的規劃性。從選擇地點到城內建築物布局都有一
套理論與原則，加以諸侯各國互相觀摩仿傚，久而久之便形成一套
標準模式。從已發掘的古城遺址，我們只能從基地的位置來推想，
難以得知眞正的布局情況。文獻中《考工記》所述甚詳，但看來像
是理想化的藍圖，未必能各國一致遵行。另一方面，其他文獻也有
有關的記述可以佐證，這些規格制度並非全然出於杜撰。例如前引
《左傳》中所述國內之都應占城中面積之比例，言之甚詳，顯然當
時確有這些規定。後來各國違規逾制，則是另一回事。秦以後兩千
多年城郡之修建往往還繼承這種規劃傳統。中國古代城市的規劃性
也是世界城市史上聞名的。

　　建造新城市的第一步工作是選擇合適的地點。在這個地點上可能原來已有自然村或居民聚落，也可能沒有。《管子》說，凡立國都要：

　　高勿近旱而水用足，下勿近水而溝防省。

這是考慮自然條件與水源。《禮記·王制》說：

　　凡居民，量地以制邑，度地以居民，地邑民居，必參相得也，無曠土無游民。

這表示城的面積要與居民人數相配合。占地太多，不但浪費土地，而且築城的工程量太大，虛耗人力；占地太小，又會容納不下現有人民。因此，城之大小要按殖民單位的等級及人數，定出規格差異，已如前述。城內的布局，據《考工記》所述：

　　匠人營國，方九里，旁三門，國中九經九緯，經涂九軌，左祖右社，面朝後市，市朝一夫。

這是理想的標準藍圖。目前已經發掘的周代城市遺址中，十分吻合上述《考工記》的規定者，只有洛邑王城與曲阜魯城⑤。如果我們著眼於考工記所強調的兩個原則，而不拘泥於布局的細節，則與實際相當符合。《考工記》強調的第一個原則是布局的對稱性。出土的周代城市遺址都有一條主要街道，做為全城的中軸線⑥，建築物在中軸線的兩邊均勻分布。這種對稱的格局，秦以後更為顯著，中軸線以外，用互相垂直的縱橫街道，將整個城區做棋盤式的切割。唐之長安與元大都都是典型實例。

⑤張鴻雁，《春秋戰國城市經濟發展史論》（遼寧大學出版社，1988），頁81及88。
⑥史建羣，前引文，頁86。

　　第二個原則是要凸顯城市的政治象徵，即代表統治權的「朝」與代表氏族血緣的「廟」兩類建築群。據《考工記通》的考定，王都是設在城中心點上，凸顯其中樞主導之地位，其左為宗廟，其右為社稷，其前為朝廷，其後為市肆。王城占全城總面積之比例，也按諸侯等級有所規定，已如前述。不過，周代城市發展到後期，已無法維持這種規格。在城市擴建時，往往是朝一兩個方向延展，原來位於全城中央的王城便變成偏向一隅，在出土的古城遺址中這種情形不乏實例。

　　周代城市最早是採集中設市的原則，一城一市，國鄙之人都在這裡集中交易買賣，市場由政府統一管理。《戰國縱橫家術》說：

　　　　梁之東地，尚方五百餘里，而與梁，千丈之城，萬家之邑，

　　　　大縣十七，小縣有市者三十有餘。

《戰國策‧趙策》中，韓國上黨守馮亭使使者對趙王說：

　　　　今有城市之邑七十。

可見邑中設市者方有資格稱為城市。市不但是城內外的商業中心，而且因為人民在市場中出入頻繁，消息靈通，是傳達政府政令的最佳管道。甚至處決人犯也在市場中執行，即「棄市」一詞之義，這樣很多人都能目睹，可收警懲之效。周代城市發展到後期，一城一市的交易量已無法滿足人們的需要，逐漸有一個以上的市場出現。甚至市場也向城外發展。《史記‧平原君列傳》中即提到「市去城遠」的問題。

　　在國鄙嚴格劃分的時期，國人的成分穩定少變動，統治者希望把國人按照職業劃定居住區，不但可行，而且合理。《管子‧大匡》說：

　　　　凡仕者近宮，不仕與耕者近門，工賈近市。

就是要把各業人民安排住在他們工作地點的附近，以減少每天來往的距離與時間。但是到了後期，國野爭民，城鄉人口對流，工商食官的制度敗壞，人民可以自由擇業，上述的辦法便無法實行了。人們總不能每一次改變職業便遷居一次。今天所看到的古城遺跡中，手工業作坊已是零散分布，無一定規則可循。至於其他職業的居民有無指定的居住區，在出土遺跡上無法判斷。

三、戰國時期城市人口

戰國時期城市人口占總人口的比重，學者有不同的看法和估計。有人認為約占20％[⑦]，有人認為在1/3以上[⑧]。其實兩種估計對戰國時期城市人口數的認定很接近，反而是估計的總人口數相差太遠，造成城市人口比重的巨大差異。 前者認為城市人口400多萬，總人口有2,000萬左右，故得出20％的比重；後者也認為城市人口接近400萬，但總人口只有1,000萬，故說城市人口至少有1/3。

其實，與後來歷代相比較，估計戰國時期的城市人口數是相對容易，但弄清楚全部人口數則較難。計算戰國時期城市人口，有兩個有利之點。第一，到戰國時為止，城市有相當強的規劃性，包括居民密度。第二，到現在已有幾十個周代城市遺址出土，我們可以

⑦張鴻雁，《春秋戰國城市經濟發展史論》，頁231，及〈論戰國城市的發展〉，《遼寧大學學報》，1982年第6期。

⑧張南、周伊，〈春秋戰國城市發展論〉，《安徽史學》，1988年第3期，頁10；及羅澍偉，〈中國城市的歷史發展與天津在中國城市史上的地位〉，《天津社會科學》，1989年第6期，頁78。

從城市的實有面積粗略估計居民數。

在戰國以前，沒有私產制度，農民耕種的農田都是由政府分配，每戶有定額。城裡的土地也非私產，政府一定不會讓各戶人家任意占領市地，建造住宅。為了避免衝突，一定會統一分配，而且辦法也不可能十分複雜，否則以當時的行政能力是難以順利執行的。《周禮·地官》說：

> 上地夫一廛，田百畝，萊五十畝……中地夫一廛，田百畝，
> 萊百畝……下地夫一廛，田百畝，萊三百畝。

這是指鄙野的土地分配辦法。田是耕地，萊是草地，廛則是住宅建築用地。《說文》解釋道：

> 廛，一家之居也。

城中國人的住宅用地，也是由公家定額分配，但有二個標準。《周禮》說：

> 以廛、里任國中之地。

孫詒讓《正義》對此加以解釋：

> 通言之，廛、里皆居宅之稱。析言之，則庶人、農、工、商
> 等所居謂之廛；士大夫等所居謂之里。

指明是兩種不同身分的國人住宅用地分配辦法。

《周禮》本身對廛的確實面積沒有任何說明。《說文》的各家注，在段注以前都說一廛是一畝半之地。段注另立新說：

> 古者在野曰廬，在邑曰廛，各二畝半。

段玉裁顯然是接受了《韓詩外傳》及何休《公羊解詁》對井田制之解釋。孟子曾說「助」與「徹」皆什一而稅的辦法。何休為了配合這個說法，認為共耕一井的八家農戶每戶負責耕種十畝公田，其與私田之比是十分之一；公田中餘下的二十畝田八家共分，做為修建

盧舍之用,每戶可得二畝半的住宅用地。事實上,這個解釋不正確,當年井田制下的農民不是住在公田裡,公田純粹是農田。農戶是在附近的集居點居住,即鄙野的「邑」。看來《說文》舊註——每廬地一畝半大約是有所根據的正確說法。周制每畝是60尺見方,每尺長22.5公分,故每畝是182平方公尺,一畝半是273平方公尺,約合70餘建坪。做爲城中平民的住宅,這個面積是夠用的了。

當時國中土地有兩種分配標準,士大夫所居謂之里,密度低,每戶所占面積大。《管子·小匡》說每里五十家。1972年山東臨沂銀雀山漢墓出土竹簡中也記載是「五十家而爲里」。周時一里合0.164平方公里,住五十戶人家,每戶占地3,280平方公尺,比庶人住宅大十倍有餘,也算是夠寬大的了。

從市區內住宅建築用地分配標準來計算居民密度,每平方公里住滿平民,可住3,663戶,以每戶五人計,得18,300人;士大夫住宅密度小,每平方公里可住313戶,約合1,565人。士大夫戶數遠比庶民人家少,兩者的加權平均應接近庶民住戶的密度。如果我們再假設城中土地只有三分之二是住宅區,三分之一是供其他用途的土地,則按全城總面積計算的毛密度大約在每平方公里12,000人左右。西方學者研究中世紀歐洲92個城市的人口密度,得出結果是⑨:

---

⑨Colin Clark, *Population Growth and Land Use*, London:Macmillan, 1967), p. 339.

每平方公里人數	城市數
8,000人或以下	27
8,100－12,500人	44
12,600－17,500人	13
超過17,500人	8

看來城市居民密度每平方公里12,000人可能接近衆數或平均數。中外情形吻合，絕非偶然。在城市發展的初期，住宅用地面積與平均居民密度是受土地合理使用的需求所決定。

從城市住宅用地標準推算得的居民密度，可能略有偏低。在發展快速的城市裡，城市擴建的速度趕不上人口增加的速度，便會出現擁擠的情況。譬如說齊都臨淄，發掘之遺址實測得市區總面積約16平方公里。當時的建制規定，臨淄全城劃分爲21鄉，每鄉有2,000戶[⑩]，全城應得42,000戶，每戶以5人計，全城人口應爲21萬人，求得平均密度每平方公里13,125人。與前面推得的每平方公里12,000人很接近。看來春秋時期臨淄的21鄉戶籍與區劃即是依此標準。但是後來臨淄人口迅速膨脹。《戰國策・齊策》說「臨淄之中七萬戶」，約合35萬人，平均密度是每平方公里21,875人，變成了很擁擠的大城市。

近幾十年，考古學家發掘出許多周代古城，都有詳細的測量與研究報告。實測得的市區面積可供吾人推算春秋戰國時期的城市人

⑩張鴻雁，〈論中國古代城市的形成〉，《遼寧大學學報》，1985年第1期，頁47。

口數。張鴻雁在其書後曾將這些城市列出一個詳表,分別記明其城址占地面積[⑪]。各城市在表中都有編號。我們利用此表之資料,將城市分爲大、中、小三組,分別計算其平均面積及人口數。下面即是分組後的城市,其編號即是張鴻雁原來的編號,以便於讀者查閱原書之記載。原表中有幾個城市規模太小,城內人口可能不足2,000人,按我們選擇的城市定義,這些小城應予剔除。此外,面積不詳者也不列入。下面三組合計有46座周代城池。

	古城名	編號	面積(平方公里)
6平方公里及以上	洛邑王城	1	11
	固始古城	18	11.1
	安邑	28	15
	邯鄲	46	15
	燕下都	49	32
	靈壽	50	18
	臨淄	55	16
	薛城	56	10
	郢都	62	15
	新鄭	7	8
	上蔡	15	6.8
	雍城	23	9
	曲沃	38	8
	曲阜	59	8.4
2-6平方公里	滎城	4	3

---

⑪張鴻雁,〈春秋戰國城市發展論〉,頁465-474。

	黃國古城	21	2.8
	櫟陽	24	4
	臨汾	31	4
	新田牛村古城	32	2.4
	晉陽	40	4
	郑	58	4
	鄢（湖北）	61	2.3
	邗城	67	2.7
2平方公里以下	陽城	3	1.4
	滑城	5	1.9
	共城	6	1.6
	鄢城（河南）	8	1.4
	州城	9	1.4
	刑丘	10	1.0
	不羹城	12	1.9
	析城	13	0.3
	曲沔	16	0.4
	期思	17	0.8
	商水古城	20	0.4
	楚都丹陽	22	0.7
	魏城	29	1.3
	華倉城	26	0.8
	清原城	30	1.0
	洪洞古城	39	0.8
	絳	42	0.6

午汲古城	45	0.7
唐縣古城	47	0.6
懷來古城	48	1.5
房山古城	51	1.1
元氏	53	1.2
滕城	57	1.5

在計算以前，我們先要弄淸楚戰國時期中國境內究竟有多少城池。秦統一中國後，改行郡縣制，郡比縣大，每郡下轄若干縣。郡與縣之設置，最早在晉、秦、楚均有出現。《左傳》僖公三十三年，晉國胥臣荐舉郤缺有功，文公賞以「先茅之縣」。《史記•秦本紀》說秦孝公十二年立制：

並諸小鄉聚，集爲大縣，縣一令，四十一縣。

最初，郡比縣小。《左傳》哀公二年，趙簡子作戰前宣告說：

克敵者上大夫受縣，下大夫受郡。

又《正義》引《風俗通》云：

周制方千里，分爲百縣，縣有四郡。

也是說縣大郡小。但秦始皇行郡縣制，則是郡大縣小。

據判斷，秦統一全國後，將其他六國的城市都改爲郡縣，列爲地方政府的治所，較大的城或形勢重要的城列爲郡治，較小的城列爲縣治。《史記•秦始皇本紀》中說一共設了36個郡。《史記集解》則將郡名列出，共35個郡，另加「內史」，合稱36郡。這些郡確是當年戰國時期較大的城池。至於縣的總數，史書上未曾說明。既然縣治都是戰國時各國的城池，我們可以從戰國七雄所轄的城池數目粗略估計。而戰國七雄的城池又都是周初王室分封的大小諸侯的都城。《呂氏春秋•觀世篇》說：

周之所封四百餘，服國八百餘。

獨立的封建單位應在四百至八百之間。李濟教授找出了585個周代的城邑[⑫]，就更接近實況了。這許多諸侯分別建造了他們的城池。但是後來輾轉吞併，「天下分而爲七」。七雄各擁有數十至百餘城池。齊國有120城[⑬]。趙國邊地代地有46城，邯鄲西側的上黨有70縣，共116縣[⑭]。《史記·穰侯傳》說穰侯爲秦攻魏：

取城大小六十餘。

《漢書·高祖本紀》則說：

盡定魏地，得五十二城。

《戰國策》說：

梁之東地 …… 萬家之邑，大縣十七，小縣有市者三十有餘。

可見魏國擁有大小城池50至60之多。這樣粗略估計，戰國七雄共擁有500多城池，符合李濟教授所舉之數。現在，我們假設戰國中後期計有：

大型城市15座，即面積超過法定侯伯之城（城邊長2,070米以上）。

中型城市20座。

小型城市居民在2,000人以上者400座。

所餘者不滿2,000居民，我們不予計算。

上列第一組是大型城市，面積在6平方公里以上。表中共有14

⑫許倬雲，《周代都市的發展與商業的發達》。

⑬張鴻雁，前引書，頁224。

⑭同上，頁221。

城，總面積有183.3平方公里。據文獻資料，尚有宜陽未包括在
內。《戰國策·周策》說

> 宜陽城方八里，材士十萬。

8里見方之城區面積約為10.5平方公里。加上表中所列之14大城，
共有總面積193.8平方公里。以每平方公里12,000人之平均密度計
算，共有232萬人口。

第二組是中型城市，面積在2平方公里以上，6平方公里以下。
表中共列9座中型城市，總面積29.2平方公里，平均每城3.2平方公
里；以每平方公里12,000人計算。我們假設這樣的中型城市共有20
個，共有居民77萬人。

第三組是小型城市，但人口在2,000人以上，城區面積在2平方
公里以下。表中列出23個小型城市，平均面積是1平方公里。我們
假設這些小城的居民密度低，每城平均5,000人；400座小城共有20
0萬人。

以上三組城市估算的居民總數是509萬人。如果以此為基礎來
推算戰國時期的城市居民比重，最困難的問題是難以確定戰國時期
的總人口數。張鴻雁推算是2,000萬人，楊寬也使用此數[15]。但也有
人認為是低至1,000萬人；也有人把它推高至3,200萬人[16]。在這
裡，我們採用趙文林先生在《中國人口史》一書中所定的3,200萬
人。一來我們覺得趙文林先生推算的方法比較詳盡可信；二來，如
採用較低的總人口數，則戰國時期城市人口比重太高，可能性不

---

[15]楊寬，《戰國史》（上海：人民出版社，1980），頁96。

[16]趙文林、謝淑君，《中國人口史》（人民出版社，1988年），頁53
6。

大。如果以總人口3,200萬計算，509萬的城市人口之比重是15.
9％。這是一個很可觀的比例，說明早在戰國時期中國已然有相當
高度的城市化。

第三章　秦漢以來城市人口之變遷

秦漢以降，中國城市的性質大體已經定形，但是城市人口占總人口的比重，也就是通常用以衡量城市化程度的指標，卻有起伏變動，耐人尋味探討。過去學者們只注意個別城市在個別時點上的人口多寡，曾加估算。但是少有人估算全部城市人口占總人口之比重，然後將各朝的數字作縱向的比較，因此看不出在時間過程上城市化程度的起伏變化。學者們似乎有一種模糊但卻堅定的信念，認為中國城市化的過程雖然緩慢，但卻是不斷繼續上升的直線發展。當我們把各朝城市人口比重計算出來，前後對照比較，便會發現上述的信念是無法成立的，中國歷史上的城市化過程是一個曲折的路線。

在此要鄭重說明的是，本文所使用的歷史資料，可靠性當然都不是很高，推估得出的結果自然會有相當大的誤差。但是它們所顯示的變遷方向與升降趨勢則是可信的。除非我們的推理錯誤，是不會把向上發展的趨勢看成向下滑落的狀況。

一、漢唐

秦行郡縣制，將戰國時期的城池，按其大小與重要性設為郡與縣。郡治與縣治在城內，但其轄區則包括城池以外的廣大農村。漢

仍秦制，不過後來人口增加，版圖擴展，又增添了許多郡縣。縣以
下的行政單位是鄉與亭。依今天的標準來看，鄉與亭都是鄉村。

日本學者宮崎市定，據《漢書・百官公卿表》統計，得出下列
數字[1]：

縣邑國道	1,587個
鄉	6,622個
亭	29,635個

他估計亭之平均規模有320戶，人口1,660人，合每戶5.19人。
這些人都應算是鄉村人口。如此我們可以推算出西漢的鄉村人口總
數是49,194,000人（＝29,635×1,660）。依漢平帝元始二年的總
人口5,960萬人計，鄉村人口比重是82.5％。換言之，城市人口之
比重應是17.5％[2]。

唐朝的州郡數與縣數是逐漸增加的。我們在此以天寶開元年間
的州縣統計與人口數字爲計算基礎。《新唐書》卷三十七〈地理
志〉記載開元二十八年戶部帳，全國共有州郡328，縣1,573；但據

---

①影山剛，〈中國古代における都市と商工業〉，《歷史學研究》，
　第471號（1978年8期）。

②17.5％的比重可能略嫌偏高，因爲有若干小縣治的城中人口不滿2,0
　00，依我們採用2,000人口的劃分標準，是應該從城市人口中剔除
　的。但這些小縣治的比重極小。假設有150個這樣的小縣城，每城
　平均人口1,500人，則其總合占全人口的比重尙不到0.4％。所以修正
　後的城市人口比重也在17％以上。

楊遠教授在史書中逐一點數的結果發現確實數字是州郡329，縣1,6
01。其差別的原因之一是京兆府是否包括在內[③]。 我們在此依從
《新唐書》上的數目，而且把長安與洛陽兩個大城提出，單獨估算
人口。

　　漢代的郡平均轄屬13縣，唐之州郡較小，平均每州轄屬5縣。
不但如此，唐在邊區地帶先後設立許多所謂的羈縻州縣。這些地區
尚甚荒涼，人煙稀少，但是爲了國防與政治的考慮，破格設立州
郡。這些羈縻州縣不易一一指認。我們是根據楊遠教授文中所列天
寶十三年（745）各州人口數，將不足2萬人口之州郡剔除。境內不
滿2萬人口，其州治大約也沒有2,000居民，不符合我們的城市定
義。 這些小州郡的分布如下：

關內道	5	江南東道	2
河東道	1	黔中道	11
河北道	6	劍南道	17
山南西道	1	嶺南道	54
隴右道	10	共　計	107

　　除了洛陽另算，共剔除107個特別小的州郡，餘下的221州治列
爲城市。 我們假設這些小州郡平均轄屬兩縣，則應剔除214個縣
治。所餘的1,359（1573-214）個縣治中有221個兼爲州治，應予減
除，以免重複計算，故縣治城市共有1,138個。這些縣治城市應該

③楊遠，〈唐代的人口〉，《中國文化研究所學報》（香港中文大學，
　1979），第一卷下冊，頁389－423。

各有2,000以上之居民,《唐會要》卷八十六所記景龍元年(707)十一月之敕:「諸非州縣之所不得置市」。故縣治以下沒有再低一級之都市。又據大中五年(851)頒行的州治與縣治的分級,中等州治應有2萬戶,約有12萬人口,中等縣治應有3,000戶,約有18,000人口。但是這種行政等級的中等州治與中等縣治未必是統計上的「平均人口數」,看來是偏高一些。我們假定,平均每個州治有2萬人口,平均每個縣治有5,000人口。

其次要判定長安、洛陽兩大城市的人口。據宋敏求《長安志圖》上卷,唐代京師長安城的規模如下:

> 城東西十八里一百五十步,南北十五里一百七十五步……有東西兩市。都內,南北十四街,東西十一街,街分一百八坊。坊之廣長皆三百餘步。……坊市總一百一十區。

《舊唐書·地理志》也是這樣記載的,全城有兩個大市場區及108個住宅區——坊,《北史·甄琛傳》記述北魏的洛陽:

> 京邑諸坊,大者千戶,五百戶。

北魏時人口密度低於唐代,唐代京師長安城市每坊居民不會下於千戶。長安城內每坊廣長300餘步,就以320步來計算,唐制每步5尺,合150厘米,故每坊邊長480米,得面積23萬平方米,按千戶居民計算,每戶毛面積230平方米,不算十分擁擠。按唐代平均每戶5.8人計算,每坊平均有5,800人,全城有626,000人口。若加上駐軍,人口尚不只此。

北魏時洛陽全盛期的人口大約有50萬以上的居民。隋時重建洛陽。唐以長安為京師,立洛陽為東都。東西兩京的城市布置與規模大體相似,各有一百一二十坊,但因政治重心實際是在長安,洛陽的人口應該比長安少許多。現假設其為30萬人,約為長安之半。

依據上面各項估算，唐天寶年間的城市人口可以合計如下：

長安	600,000人
洛陽	300,000人
州郡治所	4,400,000人
縣治	5,690,000人
共計城市人口	10,990,000人

天寶十四年的總人口是5,290萬。城市人口的比重是20.8%。有些學者認爲唐代人口登記中漏編之人口不少，其高峰人口應不只5,290萬人。若果係如此，則城市人口比重應減去點。

二、兩宋

兩宋的京師較唐代長安的規模又擴大許多，城市居民的管理也較唐代鬆弛。坊的圍牆在宋初即拆除，人民可以自由出入，而且可以臨街開門。有的住戶甚至將住房向街中伸延，稱之爲「侵街」。宋朝政府取消了城中住宅區與商業區的嚴格劃分，商人可以自由選擇地點開設商店，店主及家人晚上可以住在店中。這種種變化都增加了城市中的人口密度。

宋朝的另一特點是在縣治以下允許設市，於是出現了許多小型的商業市鎮。唐時政府明令縣治以下不得設市，但是各處還是有許多非正式的市場區，稱爲「草市」、「墟市」、「步」、「店」等。到了宋代，禁令取消，許多便轉化爲常設的「市」。又有許多唐及五代軍隊駐防地點，稱爲「鎮」者，到了宋朝，軍權向中央集

中後，變成了地方上的商業市鎮。許多市鎮發展很快，人口超過2,000人，應該列爲城市，只是沒有城牆而已。《元豐九域志》在每縣之下舉出市鎮數目與名稱。不但如此，宋朝政府還在某些市鎮派駐常設的商稅徵收機關，稱爲務。北宋神宗熙寧十年（1077）全國2,100多個商稅務，其中，1,234個是設在州府治及縣治，其餘866個商稅務設在大的市鎮上，其稅收有的竟超過小縣治的商稅額④。

　　北宋汴京的面積與人口比前朝京師爲大，但說法不一。《宋史・河渠志》說：

　　　京師養甲兵數十萬，居人百萬家。

晏殊《元獻遺文補編》卷三說宋時汴京有人口百萬戶。《宋史・地理志》的戶口統計是開封府崇寧戶261,117，這是包括開封市區以外的人口。《宋史・兵志四》載稱汴京的軍隊就有200餘指揮。按宋朝兵制，每指揮有兵員500人，則汴京軍隊當在10萬人以上。若這些軍人有家眷，則又有數十萬人的軍眷。《宋會要輯稿・方域一・東京雜錄》載宋初太宗至道元年（995）新舊城內共有10廂，121坊。《宋會要・兵・廂巡》曾載這121坊天僖五年（1021）的戶數共約97,750戶。每坊最少的有327戶，最多的有3,000餘戶，平均每坊810戶。若按唐時戶口統計之每戶平均5.8人計算，新舊城裡10廂121坊之人口已達567,000人。

　　汴京經周世宗擴建，城周48里。北宋又略加擴大，城周變爲50里165步。以正方形計，按宋之尺度長短，城內共有總面積34.6平方公里，毛密度是每公頃164人，顯然已較前朝京師人口密度增加

────────────────

④加藤繁，《中國經濟史考證》（台北：華世出版社中譯本，1976），
　　卷二，頁354－360。

了。

　　天僖五年時，新城以外尚有9廂14坊，但無戶口記載。按上面所求得的每坊平均810戶計算，新城以外人口可得11,000餘戶。城內城外相加，約有11萬戶。有人估計汴京戶數至元豐年間已達16萬戶，於崇寧年間已達18萬戶，總人口最高可達170萬[⑤]。此數可能偏高。合理的估計大約是140萬人左右，即105萬民戶，35萬軍人、軍眷及其他不包括在民戶之內的人員。

　　南宋都市人口數字，學者間的爭論更多，尤其是關於南宋首都臨安的人口。最低的估計與最高的估計竟然相差八百多萬。從現有資料來看，南宋是中國城市發展史上的一個最大轉捩點，我們必須對南宋全盛期的城市人口仔細推估。而臨安人口數對推估南宋城市人口總數具有決定性的關係，故不得不在此對臨安人口有關資料詳加梳理與研判。做為南宋首都之臨安，其全盛期的人口計有下列各項估算：

　　(1)14世紀初，義大利聖方濟會的鄂多立克來華旅行，為文記載說，臨安有漢人85萬烟戶，每一烟戶住10至12家，另有薩拉森人4萬戶。馬可波羅的遊記中也說杭州的戶數有160萬[⑥]。如依此推估，臨安總人口則超過1,000萬。

　　(2)近人侯林史渥斯（Hallingsworth）根據馬可波羅的記述，估計杭州市區有160平方英里，占地41,450公頃，每公頃居民

⑤周寶珠，〈宋代東京城市經濟的發展及其在中外經濟文化交流中的地位〉，《中國史研究》，1981年第2期，頁50。

⑥馬可波羅及鄂多立克的記述皆轉引自加藤繁的《中國經濟史考證》（台北：華世出版社中譯本），頁842。

密度120人，全市共有500－700萬人[⑦]。

(3)日人加藤繁估計有150萬人[⑧]。

(4)日人桑原隲藏及池田靜夫估計有500萬人[⑨]。

(5)林正秋估計咸淳年間臨安城區有62萬人，城郊南北兩廂有13
萬人，共得75萬人[⑩]。

以上的各家說法都有些偏差。當年的西方旅客在歐洲沒有見過大城
市，到中國後見到臨安這樣的特大號都市，感嘆之下，不免作些誇
張性的記述。林正秋則是另一種偏差。他似乎堅信歷史是不斷向前
向上發展的，一個城市的人口一定是前期小於後期，基於這種信
念，他對原始資料，作了極不妥當的處理，做為他計算的基礎[⑪]。

---

⑦ T. H. Hallingsworth, *Historical Demography* （ Ithaca： Carnell
University Press, 1969 ）,PP. 246－247。

⑧加藤繁，前引書，頁844。

⑨同上。

⑩林正秋，《南宋都城臨安》（西泠印社出版，1986年），頁184。在
這裡，林正秋先生的算法有誤。他推算臨安城包括郊區的人口共有75
萬，南北兩廂有30萬，但是前者減去後者竟得62萬。不知是否他在計
算器上減去兩廂人口30萬人誤打成13萬，姑且存疑。

⑪這種成見，在中國大陸的史學家中是普遍存在，在他們的行文立論中
常常可以見到。不久前我向中國大陸某經濟史刊物投了一篇稿，也是
討論中國城市發展史上的問題。論文蒙他們採用刊登了。但是編輯先
生把我原文中「停止發展」、「沒有顯著增加」一類的字句統統改
了，將「停止」，「沒」等字樣一概刪去。我想這位編輯先生是好
意，認為我的論文是好文章，但是有很多筆誤，「停止」、「沒有」
大概都是我筆誤所致，應予改正。可見成見之深。他們硬是不相信世
上會有這種事，也不相信會有人說這樣的話。

這一點下面將要提到，並加以糾正。

　　在估算臨安高峰人口數字之前，應該先把當時的特殊情況加以說明。靖康南渡，有大量的北方居民隨之南遷，這些南遷者的成分與比例是城市居民多於農民，諸如政府官員、軍事人員、文化人、工商人士。他們到了南方後，多數還是向城市集中，在城市中討生活。所以靖康之變後，北方的城市略呈衰敗；而南方諸城，尤其是遠離接戰地區的長江下流之城市及浙江沿海，卻是一片繁榮新氣象。高宗於紹興初年來到臨安，紹興二年下令大修城牆，做長居久安之計；八年正式下詔將臨安定為行在。於是臨安變成了新的政治經濟中心，北方遷來之人大量向此集中。

　　這些由北方遷來的人民，被稱為流民，或稱流寓之人。他們通常並不立即在臨安立戶落籍，雖然已是多年居住於此，但仍以原籍相稱，只說是流寓於杭州。在心理上，他們仍自視為北方人，希望若干年後還會遷回北方原籍。這種心理，在晉室東遷時也曾普遍出現過。北方遷來的氏族，不肯就地落戶設籍，直到多年後東晉政府實行土斷政策，才把這種風氣扭轉過來。南宋時的臨安，這種風氣較東晉時更為強烈。南宋的皇帝自稱臨安是「行在」，不承認是永久性的首都，北方南來的臣民自然採取同樣的態度。中央政府的官員更是如此，隨著皇帝在行在臨時辦公而已。政府機構以外的北方人士也自稱是「流寓之人」。南宋政府從來沒有頒行過類似東晉土斷政策的明令，所以戶籍制度上沒有要求南來之人落籍，不論居住多久，仍是流寓身分。

　　在研究南宋的城市化及估算城市人口時，不能不把這些由北方遷來，常年居住在「行在」的「流寓」人口計入。因為流寓人口不上籍，官方登記的戶口統計在這方面留下了極大的漏洞。尤其是臨

安人口數，因爲臨安是流寓人口最集中的地區。這些流寓之人多到
什麼程度呢？當時人的《洺水集》卷十曾記述說，臨安富室多外郡
寄寓之人，所以鳳凰山被稱爲「客山」。又有記載[12]：

> 建炎之後，江浙、湖湘、閩廣，西北流寓之人遍滿。

又說[13]：

> 西北士夫，多在錢塘。

臨安城內有一個大寺，在二十年內接待供應了300萬人次的流寓
者[14]，後人稱此寺爲接待寺。此外較小的寺廟，莫不供應過流寓人
士食宿。300多萬人中如果有一部分留在臨安長期「流寓」，就是
很可觀的一個人口數。官方的記載說，到紹興二十六年（1156），
臨安的外籍居民已經超過在籍土著[15]；但確數多少，並無說明。林
正秋估計臨安政府的吏員即達7萬餘人[16]。官員們的家口往往多於一
般百姓人家。即以一家六口計，官員及官眷即已超過40萬人。即此
一項已超過杭州原住民的人數。

　　第二點應加說明的是，在計算臨安人口時，不但應把流寓無籍
之人計入，而且應該把城區及郊區人口一併計入，也就是大臨安的
總人口。北方來的移民湧入以後，就在城中增建房屋以供居住。原
有的空地被占滿後，就在大街上及巷弄中建屋，當時人稱爲「侵
街」。有人形容臨安城中擁擠的情形是[17]：

⑫《雞肋編》，卷上，〈各地食貨習性〉。

⑬《宋史》，卷四三七，〈程迴傳〉。

⑭林正秋，前引書，頁177。

⑮《建炎以來繫年要錄》，卷一七三，紹興26年7月。

⑯林正秋，前引書，頁185。

> 民居屋宇高森，接棟連檐，寸尺無空，巷陌雍塞，街道狹
> 小，不堪其行。

臨安的政府當局也再三下令取締禁止「侵街」，但始終無法奏效。
由於房屋過於密集，火災容易發生，而且是一燒便無法撲滅，動輒
焚房數萬棟，是其他城市所未見者。

　　城中實在擠不下，居民便向城外郊區發展。臨安城地勢是南北
狹長，東西兩側為水所限，西邊有西湖，東邊是錢塘江。即令是
水，也無法限阻居民區的擴張。當年的西湖上也滿是浮居，住了大
量水上人家。時人記載說[18]：

> 湖上屋宇連接，不減城中。

相對而言，南北郊有更多的發展空間與容納量，因而擴張的更快。
很多記載都說，臨安郊區的人口很快就超過了城中的人口。關於此
點，尚有若干旁證。1169年編的《乾道臨安志》中記載府治境內共
有75座橋樑。到了1252年編的《淳祐臨安志》，橋樑總數增至208
座，其中103座在城內，105座在南北廂。可見絕大多數的新築橋樑
都在城外南北廂，是為新建的居民區所築。到了《咸淳臨安志》
時，全部橋樑總數已達347座，其中117座在城內，230座在南北
廂。可見臨安發展的後期，已是完全集中在郊區，城中則是早已達
到飽和點。臨安的火災頻繁，救火防火是大事一件，稱為「火
政」。政府特設潛火軍兵，也就是職業救火隊，按居民區派駐各救
火站，稱為「隅」。《淳祐臨安志》記載有各隅潛火軍兵的員額人
數，城中區共計有1,998名，而南北廂共有3,000名[19]。

---

⑰《夢粱錄》，卷十。

⑱引自林正秋書，頁179。

臨安發展的高峰期，郊區的面積遠超過城中區的面積，而且郊區居民數也高於城中人數。但是，郊區最後擴大到那裡，南北廂的對外邊界在那裡，過去的研究者都嚴重低估了。城南北廂是紹興十一年（1141）郡守俞俟奏請設立。兩廂相距三十里。城南左廂，歸治設於便門外一里，浙江跨浦橋北，後徙於白壁營；城北右廂，治所在餘杭門外六里江漲橋鎮。據俞俟說，當時這兩個郊區已是「人烟繁盛，各比一邑」。據《都城紀勝》（成書於端平二年，即公元1235年，距兩廂設治已94年），兩廂已大爲擴大，「各可比外路一小州郡」。然而，近人研究時，仍將南北兩廂的轄境局限於錢塘及仁和兩縣內，認爲臨安只有這兩個附郭赤縣。他們在推算臨安人口時也是以錢塘仁和兩縣的人口數爲計算基礎。但事實上，南北兩廂的轄區早已超過錢塘仁和兩縣縣境，這可以從臨安巡檢司的分布看出。南北廂設立行政區後，治安人力不足，常有劫盜之事發生，乃在乾道三年（1167）設立兩巡檢使，即臨安郊區的警察總局。據《咸淳臨安志》卷十九記載：

> 乾道三年四月二十日，臣僚奏請，城東西戶口繁夥，警邏稀疏。乞置巡檢使二員，措置盜賊，仍各差軍兵。從之。其地分東隸南廂，西隸北廂。

這就是城東西兩處「都巡檢使」的設置原因。兩個都巡檢使下又設若干巡檢司寨，即警察分局，其分布如下[20]：

> 外沙巡檢司寨，在候潮門外；海內巡檢司寨，在嘉會門外；
> 管界巡檢司寨，在餘杭門外；茶槽巡檢司寨，在東青門外；

⑲《南宋臨安兩志》，（浙江人民出版社，1982），頁113。
⑳同上，頁111。

南蕩巡檢司寨，在錢塘縣界；

東梓巡檢司寨，在富陽縣界；

上管巡檢司寨，在鹽官縣界；

赭山巡檢司寨，在仁和鹽官兩縣界；

黃灣巡檢司寨，在鹽官縣界；

硤石巡檢司寨，在鹽官縣界；

奉口巡檢司寨，在錢塘仁和縣界：

許村巡檢司寨，在鹽官縣界；

下塘巡檢司寨，在仁和縣界；

足證臨安郊區已經擴展到錢塘、仁和、鹽官、富陽四縣的縣境。只計錢塘仁和之人口，自然偏低。

　　現在，可以進一步探究一下原始資料所呈顯的問題。加藤繁及林正秋兩位先生都是從《乾道臨安志》及《淳祐臨安志》兩部志書中的臨安府人口統計數字下手，從中取出錢塘仁和兩赤縣的口數，略加調整，求得臨安府治轄區內的人口。依我看，最大的問題就是出在這兩部志書的戶口數字上。兩部志書前者編於乾道五年（1169），後者成書於淳祐十二年（1252），前後相隔83年。根據兩書所載，1169年臨安府全境九縣的總口數是552,507口；83年以後全境九縣總人口上升到767,739口，增加了39％。這顯然只是指原來土著居民登錄在籍的口數。即令是僅限這一類居民，83年間只增加39％，也是極度偏低的自然增加率。 中國歷史上在昇平時期的自然人口增加率，80年間是可以增長一倍的。不過細審臨安府轄境九縣的分縣戶口統計，倒是可以找出有用的線索[21]。現表列於下，並

────────

㉑現存殘本兩志缺分縣戶口數，所列各項數字是林正秋先生由《咸淳臨安志》中引錄者。見林正秋，前引書，頁193。

計算83年間各縣的口數增長率：

	1169年口數	1252年口數	增加率
錢塘	68,951	98,368	43%
仁和	76,857	222,121	188%
富陽	36,017	140,527	290%
鹽官	59,344	155,369	162%
餘杭	29,911	140,282	369%
臨安	44,743	127,899	186%
于潛	46,292	112,299	143%
新城	30,651	87,528	186%
昌化	14,033	68,481	388%
總合	406,799	1,152,874	

這裡有幾點特別值得注意。第一，1169年的分縣加總得出之口數比臨安府之口數少145,708口；而1252年之分縣加總得出之數比該年臨安府之口數多出385,135口。第二，各縣口數在這一段時期內有快速的增長，最高的是昌化及餘杭，都接近四倍之譜。第三，錢塘口數只增加了43%，與前述臨安府增長率之39%不相上下，也是低於自然人口增長率，更不必提移入人口了。

我們的判斷是，臨安地區在這一段時期出現了自然的「土斷」現象。很多由北方遷來的農民，在農村中買到了一些土地，恢復舊業，從事農耕。有了土地之後，便不能不在當地設籍納稅，於是便紛紛被列入當地民戶戶籍，造成這些外縣快速增長的口數。但是首都市區，新來的移民很少務農，沒有落戶設籍的必要，一直長期以

流寓身分居住下去。臨安市區大部分在錢塘境內，所以錢塘口數幾乎是凍結了，43％的增加率充其量只是原住民的自然增加率。首都市區一小部分在仁和縣境內，故仁和縣1252年口數也相當偏低。那麼這兩縣在1252年應有多少實際居住人口呢？我們前面說過，當年南來的移民多數是集中於行在臨安，所以這一段時間內，臨安實際居住人口之增加率，只會大於外縣，而不會小於外縣。換言之，外縣的最高增長率是388％，臨安的增長率不會小於此數，現姑且以388％的增長率計算，1169年登記的錢塘仁和兩縣口數之合是145,808口，1252年應有711,543（＝4.88×145,808）口。這裡的單位是「口」。如眾所週知，宋時的戶口統計有戶有口，「口」不等於「人」，兩者的比率大約是1：2.5。如果我們將上面求得的口數乘以2.5，便得出兩縣人數之合1,778,858人，也就是近180萬人。我們再從這裡減去上述兩縣的鄉村人口幾萬人，另外加上屬於富陽、鹽官縣境的臨安郊區，1252年大臨安的人口是在兩百萬人以上。這是最低的底線，只會超過此數，但難以低於此數。

此外還有兩條資料，直接舉出臨安南北兩廂戶口數，間接也說明了城中區的人口。南北兩廂是在紹興十一年（1141）正式設立。至乾道初年，即1165－1170年間，薛居寶主管南廂行政，據其「行狀」稱[22]：

> 主管臨安府城南左廂公事，南廂戶口十四萬，最為繁劇。

此時上距南北廂之成立不滿三十年，郊區已是如此繁盛。東西廂之設立也是這幾年內之事。到了嘉定十一年（1218），六月鄭湜作

---

[22]《攻媿集》，卷九，〈薛居寶行狀〉。

《城南廂廳壁記》時說[23]：

> 今治平，中外綏靖，眾大之區，編戶日繁，南廂四十萬，
> 視北廂爲倍。

兩條資料均舉出實數，但可惜單位不詳，不知是「戶」還是「口」。從乾道初到嘉定十一年共約五十年，不論是戶或口，由14萬增至40萬，平均年增長率是2％，絲毫不離譜。

學者對們於這兩條資料的處理方式頗不一致，主要的歧異是判定其單位爲何。南北廂相加60萬，60萬個什麼？桑原及池田認爲是60萬戶，這個數目顯然太大。加藤繁認爲是60萬人，這也不對，因爲宋朝的戶口統計不以人爲單位，而是以戶或口爲單位，口數不等於是人數。梁庚堯承認是60萬口，但卻以口數等於人數，也是犯了同樣的錯誤[24]。林正秋的處理方法更是不妥當。他認爲鄭滉所說的數目單位是戶，但認爲60萬戶太多了，擅自改爲6萬戶，6萬戶折合成30萬口，而30萬口又折合成13萬人[25]。林先生將嘉定十一年南廂的40萬改爲4萬，那麼乾道初南廂的14萬又將如何改法呢？是1.4萬？還是14千？

依我判斷，薛居寶說「戶口十四萬」，但所指的是口數；鄭滉雖言「編戶日繁」，但所舉也是口數。嘉定十一年南北廂合計有60萬口，口與人之比率是1比2.5，故可求得兩廂共有150萬人。廂郊如此繁盛，城中人數當也不會比100萬少太多。城廂合計，大臨安

---

[23]《咸淳臨安志》卷53。

[24] 梁庚堯，〈南宋城市的發展〉，《食貨》10卷11期（1981年），頁29。

[25] 林正秋，前引書，頁184−5，193。

可能有接近250萬居民。

　　最後我們再以城市及郊區占地面積來推估居民數，對上面的兩項估計加以證驗。在一個城市衰敗時期，用面積推斷居民數誤差會很大，因為沒落的城市中會出現許多荒蕪的空地。但對於一個不斷膨脹，人口擁擠的城市，以面積來推斷居民數，不失為一個可行的辦法。

　　現在先從城區面積算起。據吳自牧的《夢粱錄》卷七所載，隋朝所築之杭州城僅36里90步，後武肅錢王增築羅城，周圍70里許。這座城池西臨西湖，東面受錢塘江（浙江）所限，故呈矩形，而非正方。據判斷，雖是矩形，但並不十分狹長。大約是南北長23里，東西寬12里，占地約65平方公里。

　　由於受地形所限，後來臨安市區向外擴展，主要是向南向北伸延。其結果是將一個接近矩形的形狀，伸延成一個狹長的帶狀。通過整個市區，有一條南北走向連貫不斷的大街。這條有名的大街便也隨市區的擴展而向南北兩端伸延。《乾道臨安志》卷二載，紹興十一年俞俟奏請設立南北廂時，兩廂相距三十里。據記載城南左廂治所在便門外一里；城北右廂治所在餘杭門外六里江漲橋鎮。換言之，中間隔著23里的城區，故兩廂相距30里。貫通全市的大街此時至少也有30里長。

　　孝宗乾道三年（1167），南北廂已設立了26年。此時又增設東廂及西廂，在行政上轄屬於南北廂。同時又設立東西都巡檢使司，東司在治城東一里，羅漢院之南；西司在治城西3里，赤山之南。這顯示臨安市區東西的寬度也已增加。

　　又過了將近60年，宋理宗寶慶二年（1226）程珌作《城南廂廳壁續記》時寫道：

南北二廟,設於關外,而分任之地皆六七十里。

每廂轄區周回六七十里,各相當於城內之總面積。換言之,全部市區之面積已為原來城區之三倍。縱貫南北的大街此時大約每端已從城關向外延長了20多里,全長約為60-70里。

到公元1220前後,臨安的迅速膨脹期差不多已將結束,總人口已接近最高峰。《都城紀勝》說臨安「戶口蕃息近百萬餘家,城之南西北三處各數十里,人烟生聚,市井坊陌,數日經行不盡。《夢粱錄》大概引用此書,說「城南北西東各數十里……數日經行不盡」。

總之,臨安最後發展成的狹長市區,南北縱長估計約35公里,平均寬度可能有7公里左右,市區總面積應該在245平方公里左右。北宋汴京城內毛密度是每公頃164人。臨安郊區有運河水道、湖泊、山丘,毛密度應小於汴京。如以平均每頃100人計算,臨安全部市區,也就是包括城內及郊區,總人口應有250萬人左右。

有關臨安市區的長度,以及縱貫市區的長街,中外資料都有記載。《都城紀勝》及《夢粱錄》都說這個狹長的市區是「數日經行不盡」。義大利僧侶鄂多立克元初來到杭州,報導說這條街從城門向外又各伸延八哩左右。另一外國遊客巴圖塔則說要三天才能通過杭州市區。馬可波羅的記載則說這條長街上共有十個市場,相間各四哩。

綜合上面各種方法計算的結果,我們的結論是:南宋大臨安的高峰人口是250萬,城內占地45平方公里,有100萬居民,城外郊區180平方公里,有150萬居民,折合成戶數,城廂合計約有45萬戶,占南宋嘉定十六年總戶數1,267萬戶的3.55%。

臨安以外各城的人口有多少呢?梁庚堯教授曾找出散見於方志

及詩文集中的南宋某些城市的城內人口數字，將其與該州縣轄區內全部城鄉人口羅列比較[26]。我們將其不重複的13個郡縣之數字加以計算，得到城市人口的比重爲16.8％。

南宋各地在縣治以外較大的商業市鎮，人口達2,000者，亦應計入城市人口。漆俠教授估計人口在500戶以上的市鎮在宋代約有1,000個[27]。假設其中70％在南宋境內，則有35萬戶以上的人家，約占嘉定十六年總戶數的2.76％。於是我們可以求得南宋城市總人口的比重如下：

首都臨安	3.55％
市鎮（500戶以上者）	2.76％
其他城郡〔（100％－3.55％－2.76％）×16.8％〕	15.74％
南宋全部城市人口	22.05％

三、明清以來

南宋是中國城市化歷史的最高峰，也是一個重要的轉折點。南宋以後，直到20世紀二〇年代，中國境內再也沒有出現過200萬人口以上的大都市；直到20世紀七〇年代，中國的城市人口比重再也

[26]梁庚堯，〈南宋城市的發展〉（上）（下），《食貨月刊》，第10卷，11及12期。

[27]漆俠，《宋代經濟史》（上海：人民出版社，1988），下冊，頁932。

未曾達到過22％。南宋以後中國城市的變遷主要有兩個特徵。第
一，大城市已經停止擴展，也可以說是達到傳統城市的極限。事實
上，很多歷史上的大都市，規模尚有日漸縮小的趨勢。第二，城市
人口雖然沒有向農村回流，但卻有向農村靠攏之勢。也就是靠近農
村的商業市鎮，有所發展，尤其是江南地區。

就以各朝首都來說[28]，西漢長安城內加上郊區，包括民籍、軍
人、皇族等全體人口約有25萬；到了唐時則增至60萬左右。然而清
末的西安人口只有11萬。北宋開封全盛期城內外總人口有140萬之
多；但到了明代，最多時也不過37萬人；至1910年更降至16萬人。
北京城在金中都時期人口有40萬；元擴建成元大都，最高人口曾達
88萬。此後則緩慢下降。明代的高峰人口是84萬；清乾隆年間只有
74萬；至清末才回升到76萬。京師以外的大城也有規模縮小的情
形。例如蘇州，在金人屠城事件以前，其城內城外總人口曾超過15
0萬，但到明萬曆時只有50萬人左右。 總之，南宋以後，直到20世
紀，中國境內再也沒有出現過150萬人口的大都市。 而且，除了清
朝曾擴大了疆界，在邊陲地區新設若干郡縣，內地各省的城郡總數
沒有太大變動，城池的數目也就沒有大量增加。

有關清末的城市人狀況，目前有兩部詳盡的研究著作。羅茲曼
（Gilbert Rozman）教授根據大量19世紀的地方志，採集1820年前
後各省城郡市鎮的資料[29]。其書將城市分為七級，其中第七級市鎮
人口不滿五百，不符合本文所採用的城市定義，應予剔除不計。

---

[28]以下各京師人口數字見趙岡，〈中國歷史上的大城市〉，見本書第四
章。

[29]Gilbert Rozman, *Urban Networks in Ch'ing China and Tokugawa
Japan* (Princeton： Princeton University Press, 1973), p. 102.

其第六級城市共6,000個,每處人口在500至3,000之間,而且著者假定其中半數為農業人口,未予計入。現在我們按本文的城市標準,對第六級城市人口之估計,略加調整。我們假設此6,000個市鎮中有1,500個其人口在2,000至3,000人之間,平均每處2,500人,而其中之農業人口不予剔除。調整的結果如下:

城鎮等級	人口範圍	城市數目	人口數
1	1百萬以上	1	1百萬
2	300,000 – 1,000,000	9	5百萬
3	30,000 – 300,000	100	6百萬
4	10,000 – 30,000	200	3百萬
5	3,000 – 10,000	1,100	5.5百萬
6	2,000 – 3,000	1,500	3.7百萬
總計城市人口			24.2百萬

1820年的人口總數是35,300萬人[30],故依羅茲曼的估計方法,城市人口的比重是6.9%。

另外一套數字是史堅雅教授估計的1893年城市人口[31]。著者將城市分為八級,而每級又分為中心城市與外圍城市兩類。其中第七、八兩級低於本文城市的定義標準,故予剔除,前六級的城市人口估算如下:

---

[30]孫毓棠、張寄謙,〈清代的墾田與丁口的紀錄〉,《清史論叢》,第一輯(1978),頁119。

[31] G. William Skinner, *The City in Late Imperial China* (Stanford: Stanford University Press, 1977), p. 287.

城市等級	城市數目		平均人口		總人口（千人）
	中心	外圍	中心	外圍	
1	6	0	667,000	0	4,002
2	18	2	217,000	80,000	4,066
3	38	25	73,500	39,400	3,778
4	108	92	25,500	17,200	4,336
5	360	309	7,800	5,800	4,600
6	1163	1156	2,300	1,800	4,756
城市人口總計					25,538

1901年的全國人口是42,600萬，故依此計算城市人口比重爲6％。這個比重可能略嫌低。史堅雅教授所採集的大中城市資料，比較接近實況，但有關小城鎮的誤差較大。我們可以按1953年人口普查的資料，對史堅雅的資料略加修正。1953年時人口在2,000至20,000之間的城鎮共4,226個，合計人口是24,699,000人，占全國總人口的4.24％。這一組的城鎮相當於史堅雅資料中的第六級、第五級及第四級的外圍城鎮，史堅雅推估人口數如下（千人）：

第四級外圍	1,582（＝92×17.2）
第五級	4,600
第六級	4,756
合　計	10,938

占1893年全國總人口的2.57％。如果我們假定1893至1953年間，小城鎮的發展已經穩定下來，只有自然增長率而已。換言之，其人口增長大體與全國人口平均增長率相等。則這三組人口之合在1893年

也應占全國總人口的4.24％。依此，求得該三組在1893年的修正人數爲18,062,000人，比史堅雅之原數多7,124,000人。1893年城鎭人口總數應修正爲32,662,000人，占該年全國總人口7.7％。

清末城市人口的比重較南宋時低落很多，可見是經過了一個很長的下降階段。這種降落大約到十九世紀中葉達到最低點。從五口通商後，沿海商埠開始工業化，一個嶄新的都市化過程開始了，城市人口比重又逐漸回升。這說明了爲什麼史堅雅的城市人口比重高於羅茲曼的比重。上海與天津的人口數字也充分說明了這點[32]。上海剛開埠後人口約有54萬，至1925年便增至250萬人；天津在1860年只有6萬人，到了1900年已增至32萬人。這個回升趨勢，此後一直在繼續中。中國政府公布1949以後的城市人口比重如下：

1949	10.6%	1954	13.6%
1950	11.2%	1955	13.5%
1951	11.8%	1956	14.2%
1952	12.5%	1957	15.4%
1953	13.2%		

四、結論

歷史上的人口資料質量不高，但是所顯示的歷朝變化趨勢大體是可信的。現在我們把春秋戰國以來的城市人口比重表列於下，以

---

[32]孔賜安，〈中國六大都市的人口及其增減〉，載《中國歷代人口問題論集》（香港：龍門書店，1965），頁213。

便比較[33]。

戰國（300BC）	15.9%
西漢（2AD）	17.5%
唐（745）	20.8%
南宋（1200左右）	22.0%
清（1820）	6.9%
清（1893）	7.7%
近代（1949）	10.6%
近代（1957）	15.4%

　　從上面的數字可以明顯看出，在這兩千多年的城市發展史上出現過兩個轉捩點，將全部城市史劃分為三個階段。

　　影響城市化進程的因素很多，但是在中國最有決定性影響的是農業生產力。更具體的說，就是農村的餘糧率。歷史上的中國沒有從外國大量輸入糧食的可能、都市人口或非農業人口基本上全靠本國農業生產來供應。農民的平均餘糧率決定全國能有多少城市人口或非農業人口，同時也決定這些非農業人口能夠集中到什麼程度——最大的城市能有多大。中國城市史上的兩個轉捩點及三個階段，就是在這個條件下形成的。

　　第一個階段是從春秋戰國到南宋末年。城市人口之比重不斷上升，由15.9％上升到最高峰的22％，最大的城市規模，也由二三十萬人不斷上升到250萬人。這個時期正是中國農業生產力上升的階段。人口雖然增加了，但增加率不高；而在同一時期，耕地面積略

----

　　[33]戰國時期的人口比重，見趙岡，〈先秦城市〉，本書第二章。

有增加,單位面積產量也有相當幅度的提升。所以每個農民平均占有的糧食數量不斷提高,餘糧率隨之上升。到了南宋,這種發展趨勢達於頂點。南宋時,固然北方因外族入侵,經濟凋蔽,城市衰退,一部分人口被迫南遷,但是如果南方的糧食生產不能供養這些非農業人口,也是無法出現22%的城市人口之比重。江南地區正是當年的農業高產區,加以水道分布理想,運輸便捷。事實上,在這一千多年的時間,超過百萬人口的大都市在糧食供應上都多多少少發生過困難,唯有南宋臨安,人口達到250萬,而政府從來沒有爲糧食問題傷過腦筋。

南宋以後,進入了第二個階段。此時期,人口快速增加,耕地雖然也擴展了一些,但遠遠追不上人口之增殖,每個農戶平均耕地面積不斷下降。精耕細作,提高單位面積產量,只能抵消一部分上述的不利因素,更何況精耕細作也有其極限。所以這個時期農民的平均餘糧率在不斷下降,農民可能供養的非農業人口之比重便隨之下降。也因爲餘糧率之下降,每個大城市必須擴大其採集餘糧的地理範圍,運糧成本上升,最後終於達到極限。所以到了清中葉,儘管人口增加,商業活動擴展,也無法形成像南宋臨安那樣超大型的都市。

城市人口比重下降,自然表示鄉村人口比重上升。也就是說第二階段人口增加的壓力全部由鄉村承擔下來,新增的人口幾乎全部由農村容納了。爲了安排過剩的勞動力,農戶們不但精耕細作,儘量多用勞動力,而且廣泛展開農村家庭手工副業之生產。所以南宋以後,不但農業生產的方向有所改變,非農業生產的組織與形態也有顯著變化。手工業生產是愈來愈家庭化,愈來愈農村化。爲了配合這種新發展趨勢,商業活動也不得不愈來愈向農村靠攏。於是市

鎮的發展趨勢,在明清之際加速進行。在各省,尤其是江南一帶,農業人口密集的地區都出現了大大小小的商業市鎮,商人們從農戶手中買進各種各樣的農村家庭手工副業的產品,然後轉運他處。

到了19世紀上半葉,出現了第二個轉捩點。城市人口比重已降至谷底,6.9%恐怕是最低的紀錄。19世紀四〇年代五口通商,從此開始中國與西方各國密切接觸,各大商埠相繼開闢,城市內的現代工業逐漸興起。另一方面,大量的洋米洋麵可以從商埠進口,城市人口不再完全仰賴本國農業部門的糧食供應,餘糧率所形成的制約減弱。於是南宋以後長期下降的城市人口比重,開始回升,到了19世紀末,已回升到7.7%。此後又進一步加速,在短短的60年間,城市人口的比重翻了一翻。從19世紀中葉開始,算是進入了城市發展的第三個階段,直到如今仍在進行中。

第四章　中國歷史上的大城市

一、中國城市的特色

　　一般而論，一個國家的城市化不外是受下列幾類因素所推動：
（一）政治因素，城市是全國或地區性的政治中心，或是行政官署
所在地，作爲行政網點。（二）軍事要衝，必須派兵鎭守，久而形
成都市。（三）交通要津，如兩河交匯之處及優良海港。也有非
天然形勢造成者，如運河沿岸之城市或近代鐵路交通線上之城市。
（四）工商業之發展，這其中尤以工業對於城市化的推動力爲最
強。現代化的工業要追求外延經濟，有向一兩處集中的趨勢。例如
英國19世紀的紡織業中心，美國20世紀的鋼鐵業中心及汽車工業中
心。同種工業集中時，技術工人市場及原料市場就會隨之發展起
來，提供重要的外延經濟。不論是那種推動力，在大城市形成後，
人口達到一定程度，便會產生次級行業，如修理業、各種服務業、
娛樂場所、文化事業、金融組織等。
　　另一方面，一個國家城市化的進程要受到兩種因素的制約。第
一，農業生產力的制約。在無法大量進口糧食的時代，城市中非農
業人口要靠農業部門的餘糧來供養。農業部門的餘糧率決定全國能
有多大比重的非農業人口，也決定城市規模能擴展多大，而在一個
運輸成本不致高得離譜的餘糧供應圈內取得糧食。第二，城鄉人口

流動的自由度是另一項重要制約。如果農村人口受到制度性的限制,無法隨意遷居城市,則即令有強大的城市化推動力,城市也無法快速成長。

由此可見,推動力的強弱與制約因素的存在共同決定一個國家的城市化進程。在這方面,中國歷史上的城市化與歐洲的城市化過程,有很大的歧異,雙方城市化推動力的來源不同,雙方所受的制約因素也不同。也因此,中國歷史上的城市與西方中世紀的城市在性質上頗有差別,也可以說中國的城市具有強烈的特色。

西歐在日耳曼人入侵之後,羅馬帝國時代的大小城市或是被破壞,或是自然衰落,直到中世紀時才有新的城市興起。這些新興城市的原動力是商業及手工業。此項因素的成長是相當緩慢。更重要的是,在當時的莊園制度下,農村人口不能自由遷居城市,有的農奴付了贖金,獲得自由後遷入城市;有的農奴非法逃亡潛入城市。西歐中世紀的城市主要是由這些逃亡或遷居的農奴所建立的,他們的原籍離城很少超過一百公里。所以中世紀西歐城市最大的制約就是人力來源,因無法快速成長,城市規模都很小。在14世紀中葉以前,西歐只有四個號稱為巨型城市,而每一個巨型城市人口均不超過10萬[1]。它們是:

佛羅倫斯	9萬人
米蘭	7.5萬人
威尼斯	9萬人
熱那亞	8萬人

[1]N. J. G. Pounds, *An Economic History of Medieval Europe*(1974), p.258.

後來，莊園制度敗壞，農村人口有了更大的遷移自由，城市人口資源的制約才逐漸解除，及至工業革命以後，歐洲城市獲得了最大的推動力，才紛紛以驚人的速度擴展。總的說來，歐洲城市的功能與性質比較單純，可以算是工商業城市，至少最主要的推動力是來自工商業的發展。而且，在發展的過程上，大體上是直線式，中世紀以後，它們逐漸擴展成長，最後到達一個限度便停止或緩慢下來，但是沒有大起大落的變化。儘管各城市的發展速度不同，但沒有一個百萬人口的繁華城市一夕之間變成只有三五萬人的廢墟之實例。

中國的城市發展史與此完全不同。第一，中國城市發展的主要因素是政治力量，不待工商業之興起，所以中國城市興起很早。第二，政治因素遠不如工商業之穩定，常常有巨大的波動及變化，所以許多城市的興衰變化也很大，繁華的大都市轉眼化為廢墟是屢見不鮮之事。

更重要的是，中國古代的城市不是封建莊園制度解體過程中分化出來的經濟單位，而是由政府有計畫規劃及建設而得，以做為政治中心或行政網點。從戰國以來，井田制破壞，城鄉人民可以對流，基本上城鄉是打成一片的，城市有源源不絕的人口來源，及無窮無盡的再生力量。中國有許多古城是兵家必爭之地，無數次地被戰爭夷為平地，但每次又很快重建起來。

中國的許多城市是由國家財力建設起來的，不靠工商業者的資金。甚至某些城市的人口也有相當數目是政府強力從他處調遷過來的。例如：秦始皇遷天下富豪12萬人至咸陽；漢武帝也聚天下富戶於長安附近之陵縣，以至長陵、茂陵、偽陵變成了巨大城市；北魏天興元年（398）徙山東六州百工技巧10萬餘口，以充京師；明太祖從蘇州、湖州張士誠舊土移徙富戶45,000家至新建之首都南京。

其中南京之事例尤爲突出。明太祖去世不數年，發生靖難之變，燕
王趕走明惠帝，取得皇位，於永樂十八年遷都北京，帶走了以工匠爲
主的27,000戶南京居民，使得南京城內頓時戶口減半，而南京附郭
首縣的上元縣由176圖併爲44坊。 這些都是歐洲城市發展史上見不
到的興衰變化之事例。

　　中國城市雖然不受人力資源的制約，但是卻受到農業生產力的
制約。在宋以前，首都長安常因交通不便，漕糧運送困難，而感到
糧食供應不足。兩宋以後，更進一步出現餘糧率下降之現象，全國
城市人口之比重不增反減，而幾個大城市的人口也停止了增長。

　　比較之下可以看出，歐洲中世紀城市化的推動力很弱，加上人
力資源的制約，城市規模小，以當時農業部門的生產力來供應城
市，游刃有餘。到了後來，工業興起，人力制約解除，城市便一帆
風順地快速發展下去。中國早期的城市以政治因素爲主，用國家財
力，配合充足的人力資源，建成了許多大型城市，但最後卻受到農
業生產力的制約，逼使城市的發展停滯下來。直到西方新式工業傳
入中國，沿海城市可以接受輸入的糧食，中國的城市化再重新起
步，進入一個新階段。

　　不過，細審中國城市的發展史，可以發現其中也有不同的類
型，各具特色。如果我們追溯到春秋戰國以前，可以看出早期的城
市起源與背景是相當一致的，只是後來逐漸分化成不同的類型。周
王朝分封功臣到各地建立諸侯國，進行武裝殖民。各侯國在轄區內
選擇一個比較適中的地點，築城安頓「國人」，從此據點發號施
令，統治外圍郊區的「野人」。所以說這些早期城市都是政治性
的，是諸侯武裝殖民的據點。他們當時選擇築城地點的考慮條件也
很單純。第一，要在轄區的中心部位，向外放射型開發。第二，要

近河川。《管子·乘馬》說：

> 凡立國都，非於大川之下，必於廣川之上，高勿近旱而水
> 用足，下勿近水而溝防省，因天材，就地利。

先民選近河川之處築城並非考慮交通問題，而是爲了取得足夠的飲
用水源。當時人尙不善於鑿井，大量居民飲水必靠天然河流。那時
諸侯各自爲政，很少人會預料到後來的發展以及對外交通問題。他
們只求在轄區內沒有嚴重的交通困難即可。所以這些城市都是地區
性的政治中心。

後來發展的結果，自然條件發生了變遷，政治環境也有巨大突
破，當年的地區性政治中心之城市便顯出相對的優劣，開始分化。
自然條件方面，有的河川改道；有的逐漸淤淺。農業生產技術與作
物品種有所改善，對自然條件有新的要求，農業生產地帶逐漸由北
向南移動。政治方面，諸侯兼併，進而形成全國統一的局面，於是
需要發展長距離的交通運輸路線。各地的土特產生產要求長距離的
貿易及商品交流。有的城市在諸侯兼併的過程中，由小地區的政治
中心發展爲大區域的政治中心，進而變成全國性的政治中心，也就
是首都。其他城市依其地理位置及重要性，被設爲行政網點，如不
同層級的府治、郡治、州治、縣治等。又有些城市碰巧具有先天的
優點，適於商業及手工業的發展，其商業因素超過了政治上的重要
性，變成了商業城市。司馬遷《史記》中所列舉的大都會即是這一
類城市。

在這裡值得特別提出的是中國歷史上的首都。今天我們回顧歷
朝都城之設置，覺得並非全然出於理性的選擇。也因此都城的起伏
變化特別大。做爲國都時可能有百萬人口，但一旦國都他遷，人口
可能銳減至不足十萬。此即表示此城市本身的條件有限，其高峰人

口與低落人口之差距是以政治力量強行造成的。換言之，這類城市的成長並不十分自然，其規模超過了本身的條件，所以不如在自然狀況下成長的工商業城市那樣穩定。

後人常常描寫中國歷史上的都城是四通八達，交通便捷。這是教科書式的套語，不可輕信。這種描述誤導讀者相信這個城市是因為交通便捷才被選定為國都。其實這是倒因為果。歷史上好幾個都城是在建都以後才發展交通。秦始皇在咸陽開築九條馳道，唐長安有驛道七線，元以大都為中心，設水陸驛站1,400多個，這些都是建都以後的建設。 是先建都，後修路。最不濟，我們只能說是首都與其對外交通乃互為因果。宋之開封有四條水道與外地溝通，而這四條水道都是人工運河，雖然不是北宋政府所開鑿，但卻靠國家財力常年疏浚，維持通航。南宋以後，開封的四條運河逐漸淤塞，變為平地，後人根本無法辨識當年的河道。開封城變成了一個與外地無水路交通的城市。

我們也常聽人形容某些古城是「襟山帶水，形勢險要，為兵家必爭之地」。這也只是說詞。例如北京之成為首都，據說是因為它[2]：

> 北枕居庸，西峙太行，東連山海，南俯中原。

然而從永樂十九年（1421）遷都北京至崇禎十七年（1644）明亡，223年之間北京曾有十一次敵軍兵臨城下，二次破城而入的紀錄。可見北京根本無險可守。首都成為兵家必爭之地，倒不是因為其地勢險要，而是因為它為政權的中樞，發號施令的司令部。要奪權當然要直搗京師，砲打司令部。

---

② 《明太宗實錄》，卷一八二。

　　中國歷史上的都城均犯了一個通病——遠離農業生產中心。唐以後，農業生產中心南移到江南地區，而京師卻愈來愈向北移，使得首都的糧食供應更加困難，政府勢必要消耗更多的財力來維持漕糧轉運。秦以降，只有兩個時期中央政府毫不擔心漕運，京師食米供應無虞。一是南宋之臨安時代，一為明初的南京時代。但兩個時期都為期太短。

　　如果我們拋開古代文人對京師的描寫辭藻，而去注意歷史實情，可以發現歷代建都不外是遵循兩個原則。第一個原則是以前朝的首都為首都。這樣在政治上是表示完全繼承或接收了前朝的法統社稷。西漢建都長安是承繼秦之法統，隋唐又因之。清定都北京也表示接收了明的政權。建都的第二個原則是，開基立業之人原有自己的根據地，便把新王朝的首都設在自己的老巢之處。後梁的開國皇帝朱溫原是唐朝宣武軍節度使，駐地汴州。他篡唐自立便回到發祥之地的開封，建都汴京。金立中都，元建大都，也都有此意味。北方邊疆民族占領中原後，總覺得把都城放在靠近民族根據地較為安全，而且在氣候方面也更能適應。明成祖朱棣把首都由南京遷回北京，也是出於此種心理。朱棣原封燕王，北京是其「龍興之地」。宋太祖以開封為京師，是兼有上述兩項考慮。北宋之前朝是後周，都汴京。趙匡胤原任後周殿前都指揮使，常年身在汴京，後來陳橋驛兵變，奪得後周政權，也立汴京為都，一來表示是完全接收了前朝的法統，二來因為汴京本身是趙匡胤的權力基礎和起家的本錢。宋太祖建都不久，又思遷都洛陽，然後再遷長安，意在放棄自己的根據地，而去繼承漢唐更久遠的法統。但是唐代首都缺糧，君臣就食的痛苦經驗太深刻了，大臣李懷忠及晉王（宋太宗）都堅決反對遷都長安而作罷。

從上述分析可以看出，中國的幾個著名都城之發展都不是十分正常，都過分強調政治因素，忽略經濟因素，因而浪費了可觀的國家資源。建都時要以大量國家財力來擴展城市規模，修築對外的交通路線，維持漕運。但是一旦失去了首都的地位，便人口流散，道路失修，運河淤塞，大部分建設前功盡棄。這些城市於是形成大起大落的興衰變化。

與此相對應的是若干工商業城市。它們主要是靠經濟因素而擴展的，整個發展過程比較穩定，工商業人口比重高，其有利的交通條件是天然的，能夠持久而不敗壞。

下面我們將要舉出幾個大城市的歷史，作為觀察實例。其中三個是都城——長安、開封、北京；兩個是工商業城市——蘇州及景德鎮。

二、長安

長安的歷史久遠，許多朝代都在這一地區建都，但都城並非在同一位置上。這可以從周人的祖先說起。據傳說，周人是后稷之後人，由其首領率領遷移到豳（今旬邑，彬縣一帶），又過了數代傳到古公亶父，率族人移至岐，在所謂的周原上定居下來，稱為周人。至周文王時由岐遷至豐京，即今西安西南一帶，位於灃河西岸。周武王又在灃水東岸建立一個鎬京。豐鎬兩京，隔河相對，算是周朝的發祥地。周武王率諸侯東征，滅了商朝，便又退回到原來的根據地——豐鎬，而讓諸侯去到中原地區建國。西周滅亡以後，周平王東遷，在洛陽建立新都，而把原來據守的關中地區讓給了秦襄公，傳至秦孝公時，另在附近建新都咸陽。咸陽在今西安之西南

郊，與豐鎬相距不遠。咸陽在渭水之北九嵕山之南，山水俱陽，故稱咸陽。

　　以當時的形勢，咸陽確有它的地理優勢。戰國時范雎即言[③]：

　　　　秦四塞以爲固，北有甘泉谷口，南帶涇渭，右隴蜀，左關阪，此霸王業。

後來張良向漢高祖劉邦進言時也說關中地區是：

　　　　阻三面而守，獨以一面東制諸侯。

很顯然關中地區是一封閉地帶，西南北三面有天險保障，只有東面對外溝通，是易守難攻的地形。在這裡可以不畏外敵入侵，蓄精養銳，勢成之後可東下中原以取天下。但是這種封閉的地形也有它的缺點。

　　這個封閉性的關中地區主要就是渭河平原，長200公里，寬約75公里，面積不大。 在西周及春秋戰國時期，這麼大小的一塊農業區還可以供應一個侯國及不超過20萬人口的地區性政治首埠。但是秦併六國之後，又退回到原來的根據地，以咸陽爲天下之首都，關中地區的糧食生產便力有不迨，難以自給自足。

　　封閉的地區往往也就是交通困難的地區。當年號稱是「八川分流」及「八水繞長安」，這些河川二千年前的流量可能不算太小，但流程都很短，水流也湍急，並無航行之利。最大的渭水，也是水急灘多，行船困難。西漢時的漕糧就無法從此水道運送，不得不另開築一條與之平行的漕渠，來代替渭水漕運。後來渭水河道漸向北移，離長安愈來愈遠。其他幾條較小的河川，流量也是逐漸減少，到今天很多都已斷流或是乾涸。所以長安附近的天然河川始終未能

---

　　③《戰國策·秦策》。

發揮航運的功能，只能供飲用水源而已。

從關中到關東地區水路要經過三門峽之險阻。黃河此段河道中有兩大石島，號稱砥柱，將河水分爲三股，水勢湍急，暗礁漩渦極多。從秦漢以來一直是關中漕運的大難題。《史記・河渠書》即說：

> 漕從山東西，歲百餘萬石，更砥柱之限，敗亡甚多，而亦煩費。

這段河道是從中條山和淆山之間流過，兩山相夾。山路也甚崎嶇，人馬可以通過，車輛則難行走。從秦到唐，政府想盡了辦法，改道繞路，均未成功。關中對外交通始終未暢通。

雖然對外交通是如此困難，秦以後之西漢、前趙、前秦、後秦、西魏、北周、隋文帝、唐各朝代仍在此地區建都，以取得法統之承傳。在改朝換代之時，長安遭受多次毀滅性的破壞。但屢廢屢建，各朝政府在此地投下了無比巨大的資金與人力。

自秦孝公遷都咸陽，此城經秦人經營了一百四十餘年，規模愈來愈大。最大的一次擴建是在秦王政併吞六國自立爲始皇帝之後，咸陽成爲全中國的首都。秦咸陽故城在今天咸陽市東北約20里。據考古隊探測，故城占地約45平方公里④。秦始皇遷天下富豪12萬戶來充實咸陽，又徵調役使70萬刑徒在咸陽城內及近郊修宮殿多座及驪山的陵墓。其中最著名的建築物就是阿房宮。據史書記載，不但咸陽城內宮殿林立，而且城外200里內也是離宮別館星羅棋布，共有270餘座，複道甬道相連，廣設帷帳鐘鼓。秦始皇又大事修築馳道，以咸陽爲中心，向外放射，以便他巡行天下。

---

④《長安史話》（西北大學出版社，1986），頁145。

　　咸陽城內外的人口，史無明文記載，但可以大概估計一下。新建咸陽城占地45平方公里。中國早期城市的居民密度大約每平方公里1萬人以上，故咸陽城內至少有45萬居民。秦始皇在城外郊區大興土木，當然不會全無居民。城內外至少有60萬以上之居民。這尚僅是計算在該地設籍之居民，此外一定還有爲數衆多的未設籍之人口，如軍隊士兵及徵調來的修工刑徒。從咸陽修建的工程量來看，這些刑徒不是僅來工作一年半載，而是居此數年之久。秦併六國以前，已在都城咸陽經營了一百四十餘年，應該已稍具規模，以秦當時的國力判斷，咸陽在擴建前的原住民應在10萬以上。秦始皇遷來12萬富戶，以每戶4人計，即有48萬人。70萬徵調來的修工刑徒，至少有一部分是住在咸陽近郊的工地上。如果我們不分是否設籍，只計算人頭，則咸陽在全盛期內外總人口至少有60萬，多則可達百萬⑤。咸陽可能是世界上第一個出現百萬人口的大都市。在咸陽以後，又過了千餘年，中國才第二次出現百萬人口以上的大城市——北宋的開封。在中國以外，二千多年以後才出現百萬人口的大都市——19世紀初的英國倫敦。

　　可惜這個龐大而華麗的咸陽城之出現，只有短暫的瞬息。秦始皇是公元前212年下令開始修築阿房宮，至公元前206年，咸陽便被敵軍攻破。項羽入關，縱兵血洗咸陽，放火焚燒宮室，大火三月未熄，繁華似錦的咸陽便在火光中化爲灰燼。

　　西漢建國後，選擇距咸陽舊址不遠的龍首原，建立新國都長

<hr>

⑤上引書即估計咸陽人口達百萬，見頁150。陳橋驛主編之《中國六大古都》（中國青年出版社，1983），頁86，認爲咸陽人口不少於五六十萬，占當時全國人口總數的三十分之一。

安。據《三輔黃圖》記載,西漢長安城周65里,約合26公里。但據考古人員發掘漢長安城遺址,城周比《三輔黃圖》所載爲小,只有22公里餘⑥。城的形狀不是規則的方形或矩形,而是北斗七星之狀,故稱斗城。也因此,漢長安城占地不廣,大約不超過30平方公里,遠比秦都咸陽小。

西漢長安的人口也遠不及當年全盛期的咸陽。第一,長安城區小,而且宮殿多而分散。據估計宮殿、官署、官邸約占全城面積三分之二,民居只占三分之一⑦。即令把居民的密度提高,也難以擠下20萬人,加上城郊,可能容納25萬居民。第二,漢初諸侯封國在外,皇親國戚不曾集聚京師。第三,漢武帝也曾三遷天下富戶人口27萬,但是並未置於長安,而是安插於長安以外的三個陵縣。看來,這是政府有意的安排,不欲令長安人口過份龐大。 根據漢平帝元始二年(公元2年)的官方數字,長安縣有8萬戶,246,200口,這是指包括長安城在內的全縣人口。長安城及郊區在籍人口可能是20萬左右,再加上不屬民籍的士兵及皇族,總人口約有25萬左右⑧。漢長安有閭里160處,皆「居室櫛比,門巷修直」,顯然居民密度確是很高。城有九市,是由政府管理的商業區,十分繁華。

王莽末年,赤眉等戰禍延及長安,叛兵焚燒宮殿市街,發掘陵

---

⑥佐藤武敏,《長安》(東京:近藤出版社,1971年),頁36。

⑦宋肅懿,《唐代長安之研究》(台北:大立出版社,1983),頁59。

⑧《西安歷史述略》一書,頁104認爲漢長安城有50萬人口;張南、周伊,《秦漢城市發展論》(安徽史學,1989),第4期,頁8,估計長安城人口爲30萬。

墓，西漢二百多年在長安的建設與繁榮又毀於一旦。不過，破壞的程度可能沒有項羽火燒咸陽那樣徹底，西漢以後幾百年長安城依然存在，只是十分凋蔽，而且反覆經過幾次戰亂，有限度的修復工作也再三被抵消。至晉愍帝四年（316），投降匈奴劉曜時，「長安城中戶不盈百」，「公私有車四乘」。這是長安建城以來最殘破的景象。三年後，劉曜建立前趙，遷都長安，才重建宮殿及市容，但規模遠不如前。以後的前秦、後秦、北周皆以長安為都城。前秦甚至用王猛之策，遷函谷以東的巨室豪強及邊疆民族數十萬戶到長安及關中地區；又遷外地王公百官及鮮卑人四萬餘戶至長安，希望能恢復早期的盛況。

　　真正大規模的重建工作是在隋文帝楊堅手中完成的。漢長安在龍首原北麓，而隋文帝是在龍首原南麓另建新城，名大興城。兩城城址相接，但不重疊。大興城以後就是隋唐兩朝的首都，唐恢復長安之名。唐長安的規模是空前雄偉。經過考古發掘及測度，全城東西長9,721公尺，南北長8,651公尺，城周36.7公里，占地面積84.1平方公里，是今天西安城的十倍，比秦都咸陽也將近大一倍。以面積論，唐長安是當時全世界最大的城市。

　　城內的宮殿布置與街道排列很有特色，形成此後中國各朝代都城布局的典範，對於日本京都等城市的設計也有深遠的影響。城內的皇城緊靠城南，安排很緊湊。從皇城的朱雀門直通外郭的明德門，有一條大街，是為全城的中軸線，將城分為東西兩半。東西有十四條大街，南北有十一條大街。在宮城與皇城之外，街道將全城切割成114個居民坊里。其中兩市占去四坊之地，東南角的曲江池占了兩坊之地，此外大興善寺占去整整一坊，實際的民居只有107坊。

　　唐長安占地84平方公里，面積很大。加以設計得當，宮殿與官署布置緊湊，所占面積相對較少，據考古專家估計，宮城占全城5％，皇城占6％，兩市各占1％，餘下的里坊與街道占全城86％，這樣的布局，配合適度的居民密度，唐長安城可以容納80－100萬居民。如以居民坊計算，較小的坊廣長300餘步，折合30萬平方公尺，可容千戶人家；較大之坊容量當然更大。全城民居107坊共可容納12萬戶左右。但實際人口似未達此數[9]。宋敏求《長安志》卷十說：

　　　　長安所領四萬餘戶，比萬年爲多。

長安城分屬長安、萬年兩縣管轄，合計人口少於8萬戶，如按每戶5.8人計畫，約得46萬餘人，加上未設籍之人口及城外近郊居民，總計可達60萬左右[10]）。

　　唐長安人口密度不高，實是受自然條件所限。關中地區腹地不大，秦漢以來，人口日增，自然資源不足，各種缺點逐漸顯現。第一，生態惡化，河川淤塞，水資源汙染。《資治通鑑》卷175胡三省注曰：

　　　　京師地大人眾，加以歲久壅底，墊隘穢惡，聚而不泄，則水多鹹鹵。

其次，關中地區因人口過多，需要大量建材及薪木，附近的森林被砍伐將盡。至唐中葉長安城內已感薪材嚴重缺乏，人民在城裡滿街植樹養木，以求解決薪材問題。代宗廣德元年（763），劃定城內

---

⑨《中國古都研究》（浙江人民出版社，1985），頁148及161。

⑩李之勤，〈西安古代戶口數目平議〉，《西北大學學報》，1984年第2期，頁48，估計爲此數。

六街，禁止人民種樹⑪，至永泰二年（766）又重申前令，可見違禁種樹之風甚盛。但該年九月，京兆尹黎幹以京城薪炭不足供應，奏請開禁，允許京城諸街人民植樹養木⑫。德宗貞元元年（785），令京兆府與金吾計會，取城內諸街枯死槐樹，充修灞滻等橋板木之用，另栽新樹充替⑬。事實上，此時期長安以東之中原地區也遭到嚴重的森林破壞，建材與薪炭普遍缺乏。所以朱溫篡位之時，除了擄走昭帝，並命令拆毀長安所有房屋，將所得之木料沿渭水及黃河運至洛陽。他要搶的是皇位與木材。

不過，最嚴重的問題還是關中地區缺乏糧食。一方面是人口增加，另一方面是水利灌溉工程之敗壞。《舊唐書·食貨志》載稱：

蓋自秦漢以來，皆因八川之流，環遶畿輔，用以便漕利屯。隋建新都，八川之流，漸移其舊，唐人踵之，而渠堰之制益備，然灌溉之利，去秦漢時甚遠。

糧食不能自足，勢必更加依賴外地糧食之輸入。然而三門峽漕運瓶頸無法解除，終唐之世，首都長安始終是處於缺糧的威脅下。政府每年耗費大量國帑來維持漕運，已有人抱怨是「用一斗錢運一斗米」。即令如此，仍然解決不了缺糧問題，唐朝皇帝每年還要率領群臣前往洛陽就食半年。

此外還有若干制度性的因素。唐長安有一項嚴格的規定，一般居民住於坊間，不得臨街開門。這樣自然減少了居民住宅的密度。政府對於房屋建築式樣也有限制，士庶公私宅第，皆不得造樓閣，

⑪顧炎武，《歷代帝王宅京記》，卷六。

⑫徐松，《唐兩京城坊考》，卷一。

⑬《唐會要》，卷八六。

臨視人家，所以城內是淸一色的平房住宅。到了宋朝的汴京與臨安，此項禁令取消，京師內到處都有三層五層的高樓建築，同樣面積的居民容納量自然大爲增加。

長安的全盛期到唐末便告結束。唐末藩鎮林立，戰亂不已，長安城數次被殃及。唐昭宗天祐元年（904），駐汴州的宣武軍節度使朱溫攻入長安，強迫昭忠遷至洛陽，並遣離居民，拆毀房屋，將木材搶運至關東地區。一代名城再度化爲廢墟。

大劫之後，由佑國軍節度使韓建出來收拾殘局。但是各項條件已不允許他恢復長安城之原狀。於是他放棄了殘破不堪的外郭與宮城，僅就原來的皇城重加修建，以供留下的市民居住。元時改長安爲安西府。明太祖洪武二年（1369）又改稱西安府。從名稱上可以看出，此城已降爲地方行政中心及西北邊區地帶的軍事據點。明初曾將韓建所修之新城略加擴展。城周只有11.9公里，僅有四個城門。這就是我們今天看到的西安城，使人無法由此想像當年唐代雄偉壯麗的國際大都市長安之盛況。

北宋時，長安的商稅收入占各大城市的第十六位[14]。到了淸末，西安城只有11萬人口。前後盛衰由此可見。

三、開封

有關開封的文獻記載是從戰國時期魏惠王六年（公元前365）開始。該年魏國爲了避秦，將國都由安邑遷至大梁。大梁就是開封。當時的大梁城在今開封城的西北部，兩個城址有一部分重疊。

---

[14]《宋會要輯稿》，〈食貨十五之十四〉。

大梁城較今開封城爲大，城東西長約10里，共有12個城門，人口據估計曾達30萬[15]。

大梁地勢低窪，附近有幾條天然河流。魏惠王由安邑遷此後，又修建了兩條人工運河——大溝與鴻溝。大梁的好處是附近有河道水網，交通方便。壞處則是地勢太低容易受水災的侵襲。魏國第一次吃到這個苦頭是秦始皇廿二年（225BC）。該年秦始皇派大將王賁進攻魏國，王賁便利用地勢採用水攻，從黃河經鴻溝引水，向大梁城灌了三個月，魏王不得不向秦投降，而大梁城也徹底被破壞。

秦統一六國後，大梁城只是變成一個小小的縣治，稱浚儀。漢高祖劉邦封彭越爲梁王，彭越不願以大梁爲都城，而選擇定陶爲都。後來漢文帝封其子劉武爲梁孝王，起初將王都設在開封，但不久便因其地卑濕而遷都睢陽。可見開封的地理環境與自然條件並不理想。所以在魏亡以後直到隋代，開封始終未能成爲中國的重要城郡之一。

這種形勢到了隋朝起了變化。隋煬帝以洛陽爲天下之中心，修鑿南北大運河，促進南北之交通。開封正好位於運河的重要河段上。大運河從黃河到淮河一段，就是歷史上有名的通濟渠。黃河與淮河之間在戰國時已由鴻溝所溝通。西漢以後，這條運道逐漸被汴渠所替代。三國、兩晉和南北朝又有進一步的修整。隋煬帝便在這個基礎上開通濟渠，自洛陽引谷、洛二水入黃河，經過一短程，引黃河水經滎陽及開封，與汴水合流，最後躲過泗水，直接入淮。隋唐之際，關中每年要從江南地區運入大量糧食，通濟渠是漕糧必經

---

⑮劉志寬等編，《十大古都商業史略》（中國財政經濟出版社，1990），頁109。

之路,開封的重要性日增。

公元907年,駐在汴州的宣武軍節度使,篡奪了唐朝政權,建立後梁。 朱溫在攻占唐都長安後,退回到他原來的根據地開封,以此爲新都,又稱汴京。此後,五代的後晉、後漢、後周也相繼以此爲首都。不過,這四個王朝都未能真正統一全中國,只能算是地方政權,開封也就不能算是真正的全國性首都。 直到公元960年,北周的禁軍統帥趙匡胤,在陳橋發動兵變,奪了政權,建立北宋,仍以開封爲首都,才真正成爲全國的政治中樞。

五代前後不過五十年,政權轉了幾次手,開封也幾經戰亂,破壞大於建設。只有周世宗在顯德二年(955)將都城擴建, 在原來的汴州城外增築了一座外城,周長48里多。比原來周長20里的舊京城大了許多。趙匡胤在擔任後周殿前都指揮使期間,曾在淮河一帶轉戰,深感開封附近無險可守,他乃有意將國都遷到長安,一來增加了安全感,二來是直接繼承漢唐,更爲「正統」。但經其弟及大臣李懷忠以關中缺糧漕運艱難爲理由而勸阻。

宋徽宗時曾就後周之汴京外城向南略爲推展,城周變爲50里165步。 以正方形計,內城外城應有總面積34平方公里左右。按面積論,遠比唐長安小,但人口總數卻多於長安,人口密度就更高了。宋太宗至道元年(995),城內共分10廂,121坊,但每坊面積小於長安之坊。 人口增加後,城內地盤不夠居住,便向城郊發展。 至天僖五年(1021),城外已增設了9廂14坊。

北宋人口超過唐京,主要有兩個原因。第一,北宋行中央集權制,大量軍隊集中京師。宋人自稱汴京有「甲兵數十萬衆,戰馬數十萬匹」[19]。但宋初汴京可能沒有這麼多的駐軍。《續資治通鑑長編》卷327載錄宋神宗的話:

　　藝祖養兵止二十二萬，京師十萬餘，諸道十萬餘。

《宋史・兵制四》也說汴京的軍隊有200餘指揮。按宋之兵制，每指揮有兵卒500人，則汴京軍隊是10萬餘。後來京師駐軍逐漸增加，至宋眞宗咸平二年（999）增至20萬人。當時的禁軍常駐京城，很多是攜帶家眷的。估計禁軍及其家眷在京人口應有35萬人左右。

　　第二個原因是汴京水運交通方便。此時的全國經濟重心及農業高產區已移至南方。開封是華北城市中由江南運糧距離最短的城市。 北宋漕糧的高峰運量曾達700萬石，是空前的紀錄。北宋汴京的水運交通全靠運河，號稱汴京四渠，以汴京爲中心，呈放射狀，並與許多規模較小的地方性運河聯在一起。這些運河是在北宋以前就開鑿成的，但北宋政府曾大力加以整修，悉心維護，每年皆派工疏浚，務求通航無阻。四渠中最大者是汴渠，即當年的通濟渠經再三整修而成，可通江淮，將江南地區之漕糧轉運來京。其次是惠民河，包括蔡河一段河道，通向安徽。另外二渠是通向齊魯的五丈河及通向西方的金水河。北宋政府能靠運河漕運，掌握京師糧源，自然放心讓汴京人口增長。

　　至於汴京全盛期的人口數究竟高達什麼程度，歷來史家頗多爭論。 淳化二年（991），汴渠在汴京附近決口，宋太宗親自督工堵塞，感慨表示：

　　東京養甲兵數十萬，居人百萬家，天下轉漕，仰給在此一渠水，朕安得不顧。

晏殊《元獻遺文補編》卷三也說宋時汴京有人口百萬戶。兩說均太誇大。《宋史・地理志》則稱：

───────────

　　⑯《宋史》，卷九三。

　　開封府崇寧戶二十六萬一千一百一十七。

這是開封府全轄區之戶數，包括市區以外各地。另一方面，此係指
在開封府設籍之人口，不著籍者如士兵及流動人口均不包括在內。
據《宋會要》，天僖五年汴京城內121坊的戶數共約97,750戶，每
坊最少的有327戶，最多的有3,000餘戶，平均每坊810戶。若按唐
時人口統計平均每戶5.8人計算，城內121坊人口已近570,000人。
城外尚有9廂14坊，可得11,000餘戶。城內外相加，約有11萬戶。
此後人口仍在繼續增加，有人估計至元豐年間汴京城內外居民戶數
在16萬至18萬之間，此外再加上軍卒及軍眷人口以及其他不在籍人
員，總人口當在140萬左右⑰。這是在南宋遷都臨安以前，中國出現
人口最多的一個城市，也是當時全世界最大的城市。

　　北宋汴京是中國歷史上人口密度空前高的一個城市。按照天僖
五年的官方人口紀錄，城內面積34平方公里，竟住了567,000人，
平均每平方公里16,400人，或每公頃164人。這是其他都市未曾見
過的高密度。這是因為宋政府解除了許多唐代都市的禁令。例如居
民區可以和商業區混雜，不必分開，於是開店舖的人及其家屬可以
住居在店中或店後；民居可以向街開門；建築物不限於一層，居民
區可以建造高層房屋等。也因為解除了唐代的坊市之別與宵禁的制
度，北宋汴京的商業特別發達。據估計開封當時有8萬多名的各類

---

⑰漆俠，《宋代經濟史》（上海人民出版社，1988），下冊，頁932，
　估計汴京人口有150萬；周寶珠，〈宋代東京城市經濟的發展及其在
　中外經濟文化交流中的地位〉，《中國史研究》，1981年第2期，頁
　50，認為有170萬；陳橋驛主編之《中國六大古都》，頁188，估計是
　140－170萬。

工匠及2萬多家的商店⑱。汴京繁榮的景象與市況,在孟元老的《東京夢華錄》一書及張擇端〈清明上河圖〉一畫中早有生動而具體的寫照,爲衆所週知。

　　另一方面,這樣衆多的人口與這樣高的密度,各種缺點也就特別嚴重而顯著。首先,城內外的交通就發生問題。汴京只有12個城門,每日要容數萬人通過,另外還有每日運進城商品貨物,城門形成嚴重的瓶頸。《東京夢華錄》卷二述及南薰門的情形:

　　民間所宰豬,須從此入京,每日至晚,每群萬數。

公共衛生是另一項令人頭痛之事,據記載曾出現過:

　　汴京大疫,凡五十日,諸門出柩九十餘萬。

數字雖嫌誇大,情況之嚴重則屬實。其次,在這樣高的密度下,火災的頻率及災情的慘烈程度大爲增加,北宋的汴京及南宋的臨安都有類似的紀錄⑲。

　　開封興起得快,敗落得也快。北宋滅亡,皇室南遷,汴京立即式微。不過,對開封打擊最大的卻是它所處的低下地勢,常受水災侵襲。號稱「中國之憂患」的黃河,在北宋時距汴京尙遠,在其北方200里處。然而金章宗明昌五年(1194),黃河在陽武縣光祿村(今河南原陽縣境)決口之後,改道由東南入海,黃河新道距汴京頗近。從此開封受到黃河水患的嚴重威脅。每一次黃河決口,開封

⑱《中國六大古都》,頁186。

⑲例如《宋史》卷六三,記載有南宋臨安的三次大火災:

　「靖康元年五月庚辰,臨安府大火,亘六七里,燔萬數千家。」

　「開禧十三年十一月壬,行都火燔內外數萬家,禁壘百二十區。」

　「嘉熙元年六月,臨安火燔三萬家。」

就遭受水災的損失，而汴京四渠也被黃河的泥沙填平。到了元代以後，汴河、蔡河、五丈河等已成平陸，連河道的痕跡都看不到。開封由原來的中原水道網路中心；一變而成一個沒有水道與外地直接溝通的城市。這充分顯示，運河的壽命不長，與自然河川不同，其所提供的交通便利是不可長久依賴的。

明洪武初年，改汴京爲開封府，封其第五子於此爲周王。並在宋代內城的基礎上重新修建一道新的城牆，周長20里，城內的人口與商業逐漸復甦，最後竟然達到37萬人口[20]。不幸，城內的地面未曾填高，而黃河河床及開封郊區都因河淤而增高，超過了城內的地平線甚多，開封城遭受水患的威脅因而加重。從金章宗明昌五年（1194）至淸光緒十三年（1887），黃河在開封附近氾濫決口56次，大水侵入城內7次。其中最慘重的一次發生在明末崇禎十五年（1642），李自成率軍圍攻開封城，守軍趁連日大雨，黃河秋汛，扒開大堤，放水沖淹李自成的大軍。李自成雖然將大軍撤走，城內居民卻慘遭浩劫，人口由37萬殘剩到3萬餘[21]。這是開封城自秦將王賁之後，第二次嘗到水攻戰術的滋味。另一次嚴重水災是在淸道光廿一年（1841），黃河在開封附近的張家灣決口，大水直奔開封城而來，把城圍困住。直到第二年二月決口才被堵住，河歸舊道，開封城整整被大水圍困了八個月。在這之後，全市得以緩慢復原。至1910年，人口增加到16萬左右[22]。

綜合而言，開封是中國歷朝都城中很突出的一個例子。開封眞

---

[20]《十大古都商業史略》，頁145。

[21]《中國六大古都》，頁201。

[22]同上，頁203。

正做爲全國首都，是從宋太祖建隆元年（960）至欽宗靖康二年（1127），前後共168年。但是在這短短的一百多年中，它卻是多姿多彩，創下了世界城市發展史上許多項記錄。這個都市是突然興起，又突然衰落。在這一段時期之前與之後，它都不過是中國城市中的一個二三流角色。

四、北京

公元1027年，周武王滅商，封召公奭於北燕，都薊。薊城即在今天北京城的郊區，屬房山縣境。秦滅燕後，在該處置廣陽郡，郡治仍設於薊城。西漢封異姓諸侯盧綰爲燕王，也是以薊城爲都。漢後來廢異姓王，恢復廣陽郡之建制。千餘年來，薊城不論是否是王都，規模都很小，只能算是一個邊陲重鎮而已。漢平帝元始二年（2AD），廣陽郡全境四縣共有人口不過70,658人，薊城之內充其量不過3萬人而已。東漢更始年間，將燕之舊地，改爲幽州，州治仍在薊城。東漢以後，這一地帶的政治形勢變換無常，談不上有什麼建設。在公元350－357的八年中，薊城一度成爲前燕的首都，但也沒有什麼大的發展。但這個小小薊城千餘年來一直屹立於原址。

公元936年，後晉石敬瑭稱帝，將燕雲十六州割讓給契丹。契丹得此地盤，自建遼國，又把幽州升爲五京之一的南京，又稱燕京，府名幽都，遼南京城周26里㉒，設8門，城中有26坊，算是遼五京中最繁華的城市。金滅遼，於天德三年（1151）改燕京爲中都。

㉒《遼史‧地理志》稱城方36里，但據考證，應是26里之誤。見北京大學歷史系編，《北京史》（北京出版社，1985），頁73。

金中都是在遼南京的基礎上把東南西三面加以擴展而成，新的城周
37里，考古實測爲18.69公里，共設城門13座。

金主完顏亮於貞元元年（1153），由上京遷此，中都便成爲京
師。但燕京眞正變成中國全國的首都，則應從元大都算起。元滅金
時，蒙古騎兵圍攻中都，城中宮殿與市街慘遭焚燒破壞。只有城外
的大寧離宮得以完整保存。元人乃據大寧宮暫住，在其周圍建成一
座新城，即元大都。新城在舊中都之東北方，與今天的北京城大部
分重合。大都費時8年才建成，實測城周28.6公里，共有城門11
座。元大都是遵循《周禮‧考工記》所述舊制而設計的，左祖右
社，面朝後市。舊城共62坊；新城只有50坊，城內各種集市30多
處。

明滅元，太祖朱元璋封其四子朱棣爲燕王，駐大都。朱棣後來
從明惠帝手中奪得政權，自立爲明成祖，年號永樂。金與元是北方
的民族，在中原建立政權，但爲了安全起見，將首都設於北方，一
旦無法統治中原，可以退回到自己的民族根據地。這種考慮是可以
理解的。明成祖攻下金陵以後，也想將首都遷到燕京，則是感情作
用，燕京是他「承運興王之地」，「龍興之地」。他先在南京住了
十幾年，等待北方新國都之修建，到永樂十九年，才正式遷都，將
燕京改爲北京。明之北京城，計劃營建始於永樂四年（1406），至
永樂十八年（1420）才全部完工，前後施工達15年之久，動員了23
萬工匠，上百萬的民伕和士兵的勞動力。修建宮殿所用的高大挺直
楠木，都是遠從湖南山區中採伐運來；其他的糜費更不在話下。據
當時人翰林侍讀鄒緝上疏言，宮殿所用之大柱，每根需要顏料塗料
大青一斤，即須2萬貫鈔[20]。嘉靖四十三年（1564），因城內已人滿
爲患，須向外發展，乃興築外城。原計劃是在現有之城外，整個加

一圈外城，但因財力不足，只在南邊加了一層外城而已，其他三面皆無外城。

　　清兵入關，攻下了北京城，建立了滿清政權。清人對北京城沒有任何破壞。明清兩代，北京城的狀況基本未變。

　　從春秋戰國的燕都薊城至清末的北京城，其規模之變化可以簡述如下。在遼建南京以前，這個城只能算是中小型的城市，人口少則3－5萬，多則也不達10萬人，遼設南京以後，進入發展階段。各朝代全盛期的城中人口，已有學者詳加估算[24]，現轉錄於下。

　　遼南京城：城周26里，城內26坊，面積8.8平方公里，共計軍民官吏僧尼人口約1.6萬戶，13萬人，平均密度每平方公里14,772人。

　　金中都城：城周37里，62坊，占地21.5平方公里，人口約計40萬人，平均密度每平方公里18,604人。

　　元大都城：城周60里，50坊，總人口88萬人。北城與南城居民成分不同，密度差異很大。北城每平方公里9,000人；南城每平方公里16,279人。

　　明北京城：明中後期人口最多時有84萬人，內城密度每平方公里15,656人，外城每平方公里9,724人。

　　清北京城：清初的軍民總人口約55.6萬人，乾隆末年增至74萬人，以後便無太大增長，清末時為76.1萬人。以乾隆之人口計，內城密度每平方公里13,661人，外城密度9,449人。

㉔《明史》，卷164，〈鄒緝傳〉。

㉕韓光輝，〈建都以來北京歷代城市人口規模蠡測〉，《人口與經濟》，1988年第1期，頁39－46。

　　從上述數字可以看出，從遼到元，此城人口直線增長，元至清末，則大體穩定無變化，總在70－90萬之間徘徊。換言之，與長安及開封相比較，沒有大起大落的現象。其原因是，在遼南京的時期以前，此城只是地方性的行政中心，遼以後建都，至元大都時變爲眞正的全國首都，而明清兩代沿襲未改。其城市化的政治因素只有起，沒有落。人口數完全反映這種政治因素的趨勢。

　　但是，這並不是說北京城眞正是一個理想的全國首都。北京城被選定爲首都，並非是全然理性的選擇。但是一旦如此決定，其城市化過程便隨之而成定局。事實上，北京城做爲全國首都，有許多嚴重缺點，前人早已指出。

　　從軍事觀點來看，金、元、清建都北京是有一定的道理。它們都是北方民族，在統治中原時，定都北方，以民族根據地爲倚托，進可以控制天下，退可以據守老巢。對於明朝而言，政治形勢完全顛倒過來，北京變成了明朝的國防前線，建都於此，有先天的不安定性。但是成祖懷念其發祥地，部將多年來已在北京附近置了大量產業，不甘放棄，於是遊說成祖遷都北京。黃宗羲在《明夷待訪錄》已明言，在北方邊陲之都，一來京師有警時，有意勤王者遙遠莫及，要很長時日大軍才能到達；二來，北京皇室要想出奔避難，無處可逃。唐安祿山之禍，玄宗可以幸蜀，而明毅宗崇禎皇帝只能上吊自殺。故黃宗羲說：

> 夫國祚中危，何代無之？……當李賊之圍京城也，毅宗亦欲南下，而孤懸絕北，音塵不貫，一時既不能出去，出亦不能必達，故不得已而身殉社稷。

這是正確的分析。黃宗羲稱這種安排是「君守門庭」。

　　明成祖群臣上疏建議定都北京時，曾言：

> 伏惟北京，聖上龍興之地。北枕居庸，西峙太行，東連山
> 海，南俯中原，沃壤千里，山川形勝，足以控四夷，制天
> 下，誠帝王萬世之都也。

聽來北京形勢險要，利於防守。其實，居庸太行均不足恃，北京是
一個無險可守之地。明朝的京城受敵軍圍攻多次，1449年瓦剌率衆
圍城；1550年俺答再度來犯；劉六劉七的叛軍在1511年圍攻北京
城，另外尚有四次逼近北京；明末清軍於1629年，1636年，1638
年，1642年四度攻至京畿；最後崇禎十七年（1644）3月16日李自
成圍城，19日城破，皇帝上吊自殺；同年5月1日清軍又攻入，長期
占領。從明成祖永樂十九年遷都北京至崇禎十七年城破，223年間
北京被敵軍兵臨城下十三次，是歷朝都城沒有的紀錄。

　　北京地區的自然資源基礎，也有很大的缺點。第一，京城水源
不足。當年建立一個大城，第一要考慮的就是有無充足的水源。不
像今天的大都市，可在遠處修建水庫，以自來水管道引水進城。歷
史上幾十萬以上人口的大城，都要有天然河流及溝渠通過城中，供
居民就地取水。唐之長安有龍首渠、永安渠、清明渠、漕渠、黃渠
等水道引水進城；開封有汴水、蔡河、金水河、五丈河四渠從城中
穿過，直接灌輸。但是北京城地區從薊城時期到今天的北京市，都
沒有這樣便捷充足的水源。北京地區沒有大川與湖泊，只有幾條較
小的河流，不但流量不足，而且不穩定。當地的居民很早就依靠地
下水供日常飲用。近年來考古挖掘，在北京市宣武門到西便門一帶
出土了大批戰國以至漢代的井圈㉖，表示這一地區缺少地表水源是
自古已然的事實。金建中都，城西有一小湖，名蓮花池，接受一點

㉖《中國六大古都》，頁22。

有限的外來注入的河水，以之供城中居民飲用。後來中都人口增加，蓮花池的水便供不應求。這也是元建大都時不取中都舊址，而要向東北移位的原因之一，這樣可能更靠近高梁河、積水潭，以及玉泉山流出之水源。大都建成後，水利專家郭守敬想盡辦法，從四面八方引水入城。除了高梁河以外，還開鑿通惠渠與金水河，這固然是爲了解決漕運問題，也是爲了增加大都城內的水源。即令如此，這些經流水源也只夠宮苑使用。民間仍然要打井吸取地下水。元大都與明清的北京城，是世界上水井最密集的城市，也是中國歷史上依賴地下水最多的首都。從元大都開始，幾乎每一條街及每一個巷子都一兩口公用的水井。《京師坊巷志稿》一書的著者，不但把每條大街、每條胡同都詳列無遺，而且把何處有水井也一一註出。如果我們僅就城內而言，可以數出699個公共水井，加上城外之水井數目，將更爲驚人。事實上，此書只能列出街上的公共水井，而無法舉出大戶人家以及廟宇內的私家水井，如果全部計算在內，料想光城內就能有1,000個以上的水井，北京稱巷弄爲「胡同」、「胡同」原是蒙古語水井之意。我們可以推想，元建大都時就是將井編號以稱其巷弄，幾百年來演變，才逐漸以住戶或機關名稱稱其巷弄，如酒醋局胡同、史家胡同、東廠胡同、按院胡同等。許多巷弄名稱還保留與水井有關的字樣，例如二眼井、三眼井、四眼井、小銅井、大甜水井、小甜水井等。

　　中國歷史上的首都，時間一長便都發生水源汙染之現象，地下水源亦無法避免。在明朝時，居民已抱怨井水鹹苦，水質惡化。這主要是因爲人們的排泄物逐漸滲至地下水層，增加了水中的硝酸鹽及其他雜質所致。到了清朝，城內只剩下幾口水質尚佳的水井。據《京師坊巷志稿》一書說，最好的井是「十王府井」，即是王府井

大街一名之來源，其次有丁家井、天師宮井，詹事府井，以及大小甜水井。

　　北京城最大的困擾，還是糧食供應問題。京城愈向北遷，距離產糧區愈遠。明清的京師完全依靠漕運，總量不下於北宋，但運距則延長一倍有餘。又因爲地勢的關係，維持北運河的成本遠高於南運河。水源不足是困難之一；要多設閘門以提升水位是困難之二。每年政府都要花費巨量的國帑與人力來維持足額的漕運。這都是在北京建都的社會成本，由全國人民負擔，永樂帝死後，大臣夏元吉奏：

　　　今江南民力，困於漕運，請還南京，以省供應。

永樂後確有一兩位皇帝愼重考慮過這個問題，想要遷回南京，將北京改稱行在，但卒因各種阻力，遷都計畫未克實現。

五、蘇州與景德鎮

　　我們現在再舉兩個實例，代表另一型城市，與前述的國都型相對照。這一類城市之發展與繁榮，不是靠政治因素，而是以交通與工商業爲主要的推動力。兩例中的景德鎮是一個純工業市鎮，連縣治的地位都未能取得。

　　蘇州之建城，可以從2500年前的吳王闔閭時代算起。闔閭即王位後，在公元前514年，派伍子胥徵集大量民工，修建新王都，城周47里210步；外廓周68里60步，共有8座陸門及8座水門。這是春秋戰國時期所建最大的一個城池。此後歷代雖曾加以擴展，但所增有限。闔閭之子夫差即位後，又在西部建造了規模很大的離宮——館娃宮；館娃宮附近還興築許多別館、台榭和苑囿。所以此城很早

就向西郊發展，此形勢在此後的兩千多年始終維持未變。

秦統一中國，太湖地區畫爲36郡中的會稽郡，置郡治吳縣於此。南朝時改爲吳州。隋文帝再度統一全國，攻占江南的大將楊素奏請將州治移至二十多里外的橫山。唐高祖武德九年（626），才又將州治從橫山遷回舊城。宋初太平興國三年（978），蘇州屬兩浙路；不久以後升格爲平江府。

戰國時期，吳國以蘇州爲王都；漢時吳王濞以此爲都四十餘年；元末時張士誠自立爲周王，以蘇州爲都城，前後廿一年。除了這兩段時期，蘇州從未曾被任何王朝選爲首都，最高不過是一個府治，足證其政治上的重要性不高。隋將楊素將吳州州治由蘇州遷至橫山，原因就是蘇州無險可守。然而，蘇州繁榮的程度，並不下於若干朝代的國都。

蘇州能夠興盛的主要原因之一是交通便利。「無險可守」正顯示此特點，蘇州四通八達，任何交通工具皆可長驅直入。此一特色在隋煬帝修鑿京杭大運河以後，變得格外突出。蘇州是南北交通的樞紐，商業隨運河交通而起飛。此後蘇州市區的發展形勢也深受運河交通的影響。運河在蘇州城的西郊通過，因此城西變成商業區，遠比城東熱鬧。王士性在《廣志繹》中說：

> 西較東爲喧鬧，居民大半工技，金閶一帶，比户貿易，負郭則牙儈輳集。

清初的記載也說，由閶門到楓橋，東西列市二十里，商業貿易最爲密集。

其次，蘇州是位於農業高產區。南宋時已有「上有天堂，下有蘇杭」，以及「蘇常熟、天下足」等說法。土地肥沃，農產富足，人口密度自然高。所以蘇州不但有廣大的腹地，在人力資源上也

有強大的再生力量。宋室南渡後，大量北方人民隨之南遷，蘇州與杭州的城市人口皆曾迅速膨脹，然而都沒有發生糧食供應不足的現象。蘇州在歷史上經歷過幾次戰禍，幸而破壞都不算慘重，事後的重建與恢復很快。其中最慘酷的一次，是金人占領蘇州後的大屠殺。據《燼餘錄》乙編記載，事後發現的屍體就有44萬多具。及至蒙古兵南下，蘇州又遭逢一次浩劫。然而，明以後蘇州迅速恢復原來的盛況，未像長安與開封那樣一蹶不振。

　　蘇州很早就有發達的手工業。中國的絲織業早期是以華北及四川為中心，至南宋時，絲業中心才向南遷移。蘇州的絲綢紡織也就是在這個時間大為發展，與湖州附近的州縣聯成一氣，成為當時全國最大絲織業中心。而這一地區以蘇州的對外交通最為方便，絲織產品多以此處向四處運銷。明清時期，棉紡織手工業也在這一地區興起，號稱衣被天下。明中葉時，蘇州東半城是[27]：

　　　　比戶皆工織作，轉貿四方。

染工和織工各有數千人[28]。至清人數更多。東區「專其業者不啻萬家」[29]，織機也有萬餘台。蘇州也是紡織品的加工地，有大量的染坊及踹坊開業。據說雍正年間，閶門外有踹坊450餘家，踹匠2萬餘人[30]。此外，蘇州的造紙業及銀器打造業也是很有名的。

　　蘇州人口數，歷來頗多爭論。問題的焦點是蘇州郊區相當發達，從閶門至楓橋就有連綿二十餘里的商業鬧市及紡織品加工業。

---

[27]《嘉靖吳邑志》。

[28]《明神宗萬曆實錄》，卷三六一，〈曹時聘奏〉。

[29]《乾隆長州縣志》。

[30]《雍正硃批諭旨》，元年四月五日及八年七月廿五日。

計算蘇州人口，是否包括郊區人口，結果差別很大。宋人孫覿在〈平江府楓橋普明禪院興造記〉一文中說蘇州人口「至四十三萬家」[31]，既然是為郊區楓橋的寺院而寫，當然包括郊區人口在內。43萬家應合150－200萬人口。這恐怕是蘇州歷史上的人口高峰。金人屠城的紀錄，也可視為佐證[32]。

> 塞河中男屍八萬五千餘，女屍十一萬一千餘，
>
> 暴露男屍六萬二千餘，女屍二萬五千餘，火化
>
> 男女骨十五萬七千餘，贖回營妓二千餘人……

此外金人又裹脅以去者十萬餘人，婦女從金籍者二萬餘人，合計572,300人之多。屠城之時，不會全部殺光，當有人逃走，有人殘留，估計屠城前可能有150萬人以上。明清時期，蘇州已然復原，城內人口超過50萬[33]，全部人口將近百萬[34]。

　　景德鎮也是一個突出的實例。它是中國有名的瓷都，交通既不便捷，軍事上也無戰略價值，純然靠著窯業而興盛了千餘年。然而始終是一個鎮，連縣治的名分都爭取不到。

　　距景德鎮不遠的瑤里鄉高嶺村，盛產瓷土，稱為高嶺土，是製造瓷器坯料的主要原料。除高嶺村以外，附近的西港、石頭口也出產瓷土。鎮東的三寶蓬、壽溪塢，鎮南的東流、鳳凰嘴，盛產瓷石，也是製瓷原料之一。景德鎮附近又產製釉的原料，可製青花釉

㉛孫覿，《鴻慶居士文集》，卷二十二。

㉜梁庚堯，〈宋元時代的蘇州〉，《文史哲》第31期（1982年12月），頁100。

㉝《皇朝經世文編》，卷卅三，沈寓〈治蘇〉文。

㉞《十大古都商業史略》，頁381。

及白瓷釉。由於這種難得的天然稟賦，將這些原料聚於一地，爲景德鎮提供了他處難以企及的優點，使得在宋以前便成爲燒製瓷器的專業地。景德鎮最初是沿河建窯，沿窯成市，再逐漸擴展。燒製瓷器的窯業需要多種特殊的技巧與設備，集中一地的外延經濟很明顯。技工們是世代傳習，互相觀摩，互相發明，使得產品精益求精。景德鎮的繁榮富庶，因此能歷千餘年而不衰。

　　景德鎮是以瓷窯爲主的純工業都市，窯業以外行業人口比重很小。這些窯業人口很少他遷，所以景德鎮的人口相當穩定。曾經有些歷史文獻稱景德鎮人口高達數十萬，但從當地的生產狀況來看，似乎是過分誇大。專家估計，明清之際數百年，景德鎮大約有萬戶以上之人家，人口約在十萬上下浮動㉟。十萬人也不算小了，超過一般府治。

　　從上面兩個實例可以看出，以政治因素而形成的大都市，很不穩定，隨政治因素之無常變幻而大起大伏。工商業城市則能避免這種起伏變動，相對地穩定。

㉟周鑾書，《景德鎮史話》（上海：人民出版社，1989），頁108。

第五章　歷代都城與漕運

一、城市的糧源

　　從戰國時期以降，人口來源不是城市發展的制約，而糧食供應才是主要的制約。歷史上的中國不可能從國外輸入大量的糧食，一切民食全靠本國農業部門來供應。農民的平均生產力決定全國能有多少城市人口或非農業人口。更具體一點說，如果農民平均的糧食產量有百分之九十要自我食用，只有百分之十的餘糧或剩餘生產力，則全國最多只能供養百分之十的非農業人口。如果農村有百分之二十的餘糧，就能供養全國百分之二十的城市人口。其次，農村的餘糧率加上運輸條件決定了城市人口集中的程度。如果農村有百分之十的餘糧率，則設立一個二十萬人口的都市，就要向周圍二百萬農民採集餘糧；要設立一個百萬人的都市，就要向包括一千萬農民的糧食供應區收集餘糧。如果農村的餘糧率增加到百分之二十，則同樣規模的城市，其糧食供應區就會縮小一半，糧食供應區之大小決定農村運送糧食的平均運輸成本。除此以外，交通條件與地形也影響糧食的運輸費用。於是城市人口集中的程度，也就是城市規模能大到什麼程度，要受這些因素的制約，糧食的供應區有其限度，糧食的運輸成本必須不超過人民所能忍受的範圍。

　　上述種種制約因素，在中國城市發展史上表現得十分明顯，並且交互作用。中國從事長距離的糧食運輸，有長遠的歷史，而且絕大部分時間是由政府強力執行。中國境內的交通狀況比較惡劣，多高山峻嶺。中國的天然河川之結構不理想，它們大體是從西向東，沿著同緯度流動。在同緯度的上游及下游，農業生產力往往相差不多，難以充分發揮互相調節的功能。所以中國是一個很早就從事人工運河修建的國家，而且主要的運河都是南北流向，以彌補天然河川之不良結構。運河的主要功能是爲了糧食運輸——即漕運。

　　到戰國時期爲止，中國的城市人口比重雖不低，但並不集中，沒有特大號的城市出現。中小城市的糧食供應都可以就地解決。從秦漢到兩宋，農業生產力進一步發展，與此同步發展的是城市人口的比重與城市人口的集中程度。城市的規模愈來愈大，尤其是歷朝的京師。於是政府致力於修建運河，從大範圍的農村徵集糧食，然後長距離的漕運，送達京師。在這段時期內，全國的餘糧總量是沒有問題的；主要的瓶頸是交通險阻，也就是如何把糧食供應區的餘糧運達京師。只要運輸瓶頸紓解，京師人口還是可以不斷增加。而這一時期的糧食供應區的範圍及平均運距都沒有顯著增加。兩宋以後，顯著特徵是人口之快速增加；農業生產雖然也有進步，但趕不上人口增殖之速。於是平均糧食產量逐漸下降；農村的餘糧率便隨之下降。這一時期中國城市所遭受到最強有力，也是最終極的制約，就是日漸下降的餘糧率。中國城市人口的絕對總量在這一時期雖能維持不變，但城市人口比重卻在逐漸降低，至19世紀中旬達到最低點[1]。即令如此，中國還是不得不擴大京師的供糧區，從更多

及更遠的地方取得漕糧糧源，漕運的平均運距增加，漕運的直接及間接成本上升。

二、先秦的城市

　　周初分封諸侯，各諸侯擇地築城，劃分國野，轄區不大，城市人口的集中程度不高。諸侯都能就地解決糧食供應問題，在封地範圍內野人加上國人中的務農者共同提供非農業人口所需之糧食，無須從他國長途運販糧食。到了春秋時期，諸侯互相兼併，所存之國轄區日漸擴大，較大規模的城市，如齊之臨淄，相繼出現。雖然如此，各國在糧食方面仍能自給自足。這主要是因為當時的農業生產已相當發達，農民的平均耕地面積很大，農村的餘糧率很高，即令如臨淄那樣擁有20餘萬人口之城市，也不難從附近地區獲取足夠的食糧。事實上，戰國時期的記載顯示，許多國家面臨的困擾不是餘糧率太低，而是餘糧率過高，造成穀賤傷農的現象。 根據李悝的說法， 戰國初期魏國的情況是：每戶農民平均每年生產糧150石，其中15石要以租稅的方式繳納給政府，45石通過商業管道賣給非農業人口，總的餘糧率高達40％，所以糧價降落至每石30錢。於是「 農夫有不勤耕之心 」，也就是穀賤傷農之現象。

　　到春秋戰國為止，各國基本上都能達到糧食自給自足，沒有任何國家是長期仰賴他國供應食糧。除了在戰事發生時，有長距離運送軍隊給養之事。唯一的一次和平時期出現長距離運糧之事，是公元前647年的泛舟之役。是年晉國發生了大饑荒，不得不求助於秦國，撥糧食救濟災區。據《左傳·僖公十三年》載：

　　　　秦于是乎輸粟于晉，自雍及絳，相繼。命之曰泛舟之

　　役。

秦國都城雍在今陝西鳳翔南，晉國首都絳在今山西翼城東，秦國的
糧是從渭水到黃河，溯黃河而北入汾水，運達絳。路程相當長，運
量也大，船隻相繼於途。所以成為歷史上有名的泛舟之役。但這究
竟是例外的特殊情況，並非年年如此運送糧食。

三、運河之修築與漕運

　　中國修築溝渠有久遠的歷史，但最初的目的不是為了航運。井
田制時期的溝洫是為了排洩田間的積水，它們在田野中縱橫密布，
但規模一般都很小，算是排水溝而已。後來有了較大規模的水利工
程，稱為溝渠，目的在於灌溉農田及改良土壤。例如魏國的漳水
十二渠，蜀中的都江堰，以及秦關中的鄭國渠等。這些溝渠引天然
河川之水以灌溉農田，同時也將天然河流中的淤沙引至田間，來改
良鹽鹼地的土壤。此即《管子·輕重上》所說：

　　　河淤諸侯，歙鐘之國也。

即以鄭國渠為例。公元前247年，秦國已然強盛，威脅東方諸國。
韓國乃使用「疲秦」之策，派水工鄭國勸秦王興修水利工程，秦國
用了十年時間完成此渠，國力反而更強。鄭國渠的首要功用是改良
灌區土壤，其次才是灌溉農作物。《史記·河渠書》說：

　　　渠就，用注填閼之，溉澤鹵之地四萬餘頃，收皆歙一鐘。於
　　　是關中為沃野，無凶年。

澤鹵之地就是低窪的鹽鹼地，此渠載涇河之泥沙到農田裡，沖淡鹽
鹼成分，即填閼是也。

　　諸侯國家也有興築以航運為目的之人工運河，但是它們不是專

門供漕運者。例如魏國在戰國時期開築鴻溝，將黃河與淮河兩大水系聯結起來，促進了此一地區的一般航運，導致陶與大梁等沿岸城市之繁榮。其著眼點並非漕運。吳國修建邗溝，聯接長江與淮河兩大水系，目的是爲了吳國水軍北上，並從此道運送軍糧。

　　齊國也修了一條濟淄運河，將境內的濟水與淄水銜接起來。這些運河都很短，與隋代開挖的運河及元代興築的南北大運河之長度相差甚遠。

　　這種情況到了秦統一中國後有了巨大變化。秦建都咸陽，是全中國的首都，人口超過以前諸侯的國都，加上秦政府屯駐的重兵，糧食的需要量大增，遠非關中地區的農業生產所能供應。於是秦政府必須擴大首都的糧食供應圈。從此中國展開了長距離的漕運，成爲歷代王朝頭等重要的工作項目之一。

　　秦都咸陽位於關中，每年要從關東地區調運餘糧以濟京師。當年不是爲了漕運而修建的運河，現在有了新的使命。第一步是在鴻溝濟水入黃河處建設廣武城及一座有巨大容量的穀倉——敖倉。然後把鴻溝等水系運來的大批糧食集中於此，再轉運到關中。從敖倉運糧至咸陽，有二大難關。第一是黃河三門峽的險阻。黃河自潼關以東，流經中條和殽山之間，兩山相夾，河身受到約束。河水流經峽谷而達三門峽，又爲河身中號稱砥柱的兩大石島所分開，成爲三股，水勢更加湍急。三門峽以東120里的河道中，還有許多險灘及暗礁。舟船難行。 要通過這個地段，秦漢時只有兩個辦法。一是用大量的縴夫縴挽漕船，沿三門峽而上進入渭水。 據舊日記載每一船要數百人挽之[2]。第二個辦法是避開黃河河道，以陸地運輸通

②史念海，《河山集》（北京，1963），頁237。

過三門峽地段。周代東西兩京之間本已修築了一條大道，到秦漢時進一步改善，成為有名的大馳道。在平原地區，兩京大馳道路面平直寬廣，行駛甚便。但在通過殽山山區時仍是崎嶇艱險，驛馬與行人可以通行，運糧車輛就有困難，耗費甚大③。第二道難關是渭水的航運。渭水在咸陽以東，最初尚稱平直，河面寬廣；但再向西就出現彎曲，水流湍急，極不便於航行。

秦及漢初，漕運數量尚屬有限，每年不過數十萬石，漕運代價雖高，尚可如數運達，滿足關中之需要。到漢武帝時，長安人口迅速膨脹，加以在西北連年用兵，需要由關東提供部分軍糧。漕運的需要隨之大增。武帝元光六年（西元前129年），大司農提出開漕渠的建議。其實，這是漢初張良首先提出的辦法，不過因當時漕運的壓力不大，政府未加採納。現在舊話重提，被漢武帝接受。此項工程是引渭穿渠，西起長安，東接黃河，全長300里，三年建成。這是一條與渭水平行，專為漕運而開之人工水道，來代替渭水航段，故稱漕渠。

漢武帝曾設法解除三門峽所形成的漕運瓶頸，也就是要繞道避開三門峽。具體的方案是修建褒斜道。此項設計是要利用水陸聯運，繞一個極大的圈子，從長安的背後（也就是長安西邊）運達。如此則關東地區之餘糧將集中於河南南陽附近，再由淯水、比水及漢水將糧運到漢中，然後泝褒水而上，達到秦嶺。而不遠處之秦嶺南坡有一條斜水可通渭水，順流到達長安。褒水與斜水之間需要修築一條陸運道路，稱褒斜道，以轉運漕糧。漢武帝花費了大量人力

③胡德經，〈兩京古道考辨〉，《史學月刊》，第2期（1986），頁1-7。

財力，修建了百餘里的褒斜道，但褒水與斜水卻整理不好，水流依
然湍急，漕舟不能上下，只好作罷。大約百年以後，西漢成帝鴻嘉
四年（西元前17年），又試行改善三門峽航道，結果也未成功。以
當時的科技水平，無法解除三門峽的漕運瓶頸。雖然如此，漕渠之
修建究竟解決了一部分難題，增加了運量。漢武帝時漕運常年運量
是400萬石，最高時達到600萬石。

隋煬帝利用幾條天然河道及舊有短距離區間運河如邗溝，加以
聯接修浚，興建了四條首尾相通的運河，即永濟渠、通濟渠、山陽
瀆和江南運河，總長五千多里，流經河北、河南、安徽、江蘇和浙
江五省，溝通了長江、淮河、海河、錢塘江等水系。但是這條世界
聞名的大運河，當年並沒有充分發揮作用，尤其是對於漕運的幫助
不大。因為隋唐兩代的首都仍設於長安，漕運運量仍受黃河三門峽
的瓶頸所限，未因大運河之修建而改觀。

隋統一中國北方後，漢武帝在關中地區修築的漕渠已長期淤塞
不通，不得不重新利用艱險的渭水航道。至開皇四年（西元前584
年）才在漕渠舊道的基礎上修建了一條新運河，名曰廣通渠，從長
安引渭水，東至潼關入黃河，全長三百里。到了唐代，首都長安人
口較漢時增加甚多，對糧食的需求更迫切。政府面臨的仍然是如何
在三門峽轉漕的老問題。

終唐之世，東西漕運始終徘徊在水運或陸運兩者之間。水運過
三門峽則要靠縴夫挽船，每日不能進一、二百船，而每船每日的行
速極慢，要通過三門峽全程，每船要走百日[4]。漕運量有限是可以
想見的。如果恢復漢代及隋初的陸運方式，則在小平（今河南孟津

---

④史念海，前引書，頁237。

縣西北）開始裝車上路，通過殽函崎嶇山路，至陝郡（今河南陝縣）再改行水道。這條路也不易行，運量有限，開元廿一年（733），裴耀卿主持漕運，改行新法，延長三門峽兩頭的水運距離，而縮短當中的陸運距離。漕糧在三門峽東邊集津倉由水轉陸，到了三門峽西端鹽倉再下船水運，於是陸運全程被縮短爲18里，運費大省，運量大增。 於是在三年內共送了700萬石漕米，平均每年230萬石左右。唐石遠大於漢石，每年230萬石不下於漢武帝的400萬石運量。這已接近唐代漕運最高紀錄。

此法實行了幾年就放棄了，原因不詳。開元廿九年（741）唐室決定仿傚關中漕渠代替渭水的辦法，在黃河南岸另開挖一條新河，使漕舟避開黃河，由新河上行。這就是所謂開元新河⑤。不幸此新河是引黃河水，泥沙過多，不到幾年新河便淤塞不能通航了。

所以終唐之世，首都長安始終是處在缺糧的威脅下。供天子六宮之膳的太倉儲糧不及十日。江淮米不至時，「六軍脫巾于道上憂之」。又據記載，德宗貞元初，韓滉運米至陝，皇帝親自走告太子⑥：

米已至陝，吾父子得生矣，置酒相慶。

皇室尚且如此，何況百姓。爲了糧食供應問題無法徹底解決，唐室不得不在洛陽設立東京，必要時皇帝攜帶百官前往東京就食。

東漢的國都設在洛陽，這就使通過三門峽的漕運沒有必要了。東晉及南北朝的南朝各代，情形也是如此。到了北宋，糧食的供應更見好轉。不但首都汴京在三門峽以東，交通便捷，而且農業生產

---

⑤《新唐書》，卷五十三，〈食貨志〉。

⑥《中國歷代食貨典》，卷一七三，〈漕運部〉。

力較以前各朝有長足之進展，農村之餘糧率提高。所以北宋首都人口遠超過前朝。到了南宋，臨安人口之多，不但是空前，而且創下了20世紀以前的最高紀錄。

北宋時將中原地帶舊有小規模的區間運河大加整治，以利漕運。四條主要運道是汴渠、蔡河、五丈河、金水河，以汴京爲中心，呈放射狀。其中尤以直接溝通江淮糧產區的汴渠最爲重要。太平興國六年（981）四渠漕運總量達550萬石，其中汴渠承擔了400萬石的運量，占72％以上。後來此渠運量繼增，常年運額600萬石，顛峰運量曾達700萬石。宋太宗就親自說過：

> 東京養甲兵數十萬，居人百萬家，天下轉漕，仰給在此一渠水。

《宋史•河渠志》引張泊言：

> 今天下甲卒數十萬衆，戰馬數十萬匹，並萃京師，悉集七亡國之士民于輦下，比漢唐京邑，民庶十倍。甸服時有水旱，不至艱歉者，有惠民、金水、五丈、汴水等四渠，派引脈分，咸會天邑，舳艫相接，贍給公私，所以無匱乏。唯汴水橫亘中國，首承大河，漕引江湖，利盡南海，半天下之財賦，並山澤之百貨，悉由此路而進。

又據《玉海》記載：

> 淮南之船，以供入汴之綱，常六千隻，一舟之運歲常千石。

汴河之上糧船就有6,000艘，加上其他貨船，水上交通盛況可想而知。

宋室南遷，行在設於臨安（今杭州），正處於當時中國稻米高產區的中心，餘糧率高於北方，加以天然河川交叉錯綜，水運便

捷。所以南宋時期，京師糧食供應始終未曾發生大的困難。南宋史
書多次言及修浚運河之事，但從未述及向臨安運送的漕運量及各道
分配之漕額。南宋皇帝曾不止一次令各路漕臣研議如何從各處運糧
至各地駐軍點以及軍糧分配量。似乎南宋漕臣的主要職責是籌運軍
糧，而京師糧食供應則委諸私商。《宋史·高宗本紀》二十九年八
月記曰：

> 募人輸米行在諸倉，願茶鹽，礬鈔等償直者聽。

《宋史·河渠志》也說：

> 國家駐蹕錢塘，綱運糧餉仰給諸道，所繫不輕。水運之程，
> 自大江而下至鎮江則入牐，經行運河如履平地，川庶巨
> 艦，直抵都城，蓋其便也。

由此我們不難瞭解，為什麼在沒有政府強力執行京師漕運的情況
下，南宋竟能維持一個人口超過200多萬人的中國歷史上最大的城
市。

元滅南宋後，建都於大都（今北京），又感到有組織漕運的必
要。元時大都人口遠低於北宋汴京，但漕運距離長，而且是新的方向
與路線，元初，南北漕運一共有三條路線，同時進行。主要路線是
海運；其次是河海聯運；第三條路線則是利用幾段南北大運河，進
行水陸聯運。到至元三十年（1293），會通河與通惠河經過徹底整
治，相繼打通，京杭大運河才全線通航，南北漕運的運道從此大體
定了型。不過因維修時興時廢，運量有起伏。這條大運河長達3,400
多里，溝通了黃河、海河、淮河、長江及錢塘江五大水系。

明太祖建都南京，京師的糧食供應條件大體與南宋的臨安相
同，可就地籌辦，江西湖廣的米糧也可順江而下，直達南京。這些
米糧全靠民運，由各地糧長負責催徵與裝船。此時期唯一要由政府

承運的長距離漕運是供應遼邊的軍餉，每歲數約六七十萬石。直到明成祖將首都遷回北京，才感到有全面恢復南北漕運的必要，不僅是為了遼餉一項，尚要供應北京官民食用。永樂初年部分漕運尚依賴海運。後來會通河與通惠河經進一步疏浚及拓寬。又經過陳瑄建議造平底淺船，吃水較淺，而載重量超過舊式漕船。於是運河漕運量大增，每年可運達四、五百萬石漕糧，直達都城，乃廢海運。

清代承襲舊制，漕運的路線及各地漕額均不變。我們可以說明朝永樂至清中葉，中國的南北大運河發揮了最大的功用，成為南北交通要道。但是京杭大運河的若干河段到清中葉時已嚴重淤塞，甚至無法疏浚。道光初，群臣爭議是否應改從海運。至道光六年（1826），清廷決議設海運總局，雇商從海上運漕糧至北京，河運自此遂廢[7]。

四、漕運量及運輸成本

從上節所述的漕運發展簡史，我們可以明顯看出城市化與糧食運輸問題的密切關係。更具體的說，我們可以看出糧食供應對城市人口集中程度所形成的制約。現在我們可以進一步觀察中國歷代漕運量與京師人口數量的相關關係，以及漕糧的來源地，也就是餘糧供應圈的範圍。

每個朝代漕運路線的狀況有時好有時壞。尤其是運河，開挖初成時狀況最佳，日後便逐漸淤淺，雖一再疏浚終不免無法通航而報廢。引黃河水而成之運河，因黃河泥沙特別多，運河的壽命特別

---

[7] 《中國水利史稿》，中冊（北京，1987），頁219。

短，最後終於變成平陸，河道已無可尋覓。此外還有戰爭等人為因素也會影響漕運量。所以每個朝代的漕運量都不穩定。我們只能取其漕運狀況最佳時的常年運量為準。在這同時，每個朝代的京師人口數字也是經常變動的；我們只觀察其全盛期的高峰人口。漕運之米糧是為了供應京師的官兵和政府官員，以及他們的家屬，但總有相當部分會透過他們之手而流入市場，供民間消費。漕運量不是首都人口的全部糧食消費量，每年總有商販運糧至京師，供應一般市場。但從數量上看，漕運所占之比重很大。另一方面，漕運之米糧抵達京師後會轉運至其他地方，例如漢武帝在西北邊疆用兵，部分軍糧要靠漕運支援。又如明時之漕運，一部分在到達北京以前在通州下船，然後轉運遼邊。

　　各朝代的度量衡制度不同，以石為單位之漕運量不能直接相比。我們將這些單位折算成市石[8]。於是得出：

漢武帝及以後	1石＝0.3425市石
唐	1石＝0.6市石
宋	1石＝0.664市石
明	1石＝1.04市石
清	1石＝1.04市石

　　漕運的運量大，距離遠，所運者都是加工後的米。每市石以135市斤計算。根據我們的計算，男女大小各種人口每年的平均消費量是原糧540市斤，或成品糧（即米）400市斤[9]。於是我們對各朝代之漕運量可以作如下之分析：

_____

　　[8]折算率根據吳承洛《中國度量衡史》各有關章節。

西漢：由高祖時期之數十萬石增加至漢武帝元封元年之最高峰600萬石。但此數量中相當大的部分是供應西域的軍餉。武帝元狩四年及宣帝五鳳四年的漕運紀錄都是400萬石，不妨視此爲西漢全盛期運達長安的常年漕運量[⑨]。

400萬石＝1億8,500萬市斤米，可養活46萬人。

唐：唐玄宗在安史之亂以前，首都長安進入全盛期。開元廿一年裴耀卿主持漕運，以水陸分段聯運，並縮短繞過三門峽的陸程，漕運進入最佳狀況。漕運量也節節上升，三年間共運700萬石。到了天寶七年，達到250萬石[⑩]。以250萬計：

250萬石＝2億零250萬市斤，可養活51萬人。

此數能滿足長安的糧食需求。但很多年間漕運量低於此數，長安缺糧，皇帝要領百官前往東都洛陽就食。

北宋：北宋首都汴京人口總數是空前之高，而駐京兵馬也是歷朝最多的。

宋太宗自己說過東京駐軍數十萬。然而汴京的糧食供應卻從未發生困難。太平興國初年漕運550萬石，到大中祥符初達到700萬石，後來時期都能維持這樣高的運量。

700萬石＝2億2,748萬市斤，可養活157萬人。

明清均正式頒布漕運定額，這樣就容易計算。我們可以把漕運定額視爲官方對於糧食需求的估計。明代漕糧以每年400萬爲定額，運到京倉及通倉兩處。京倉收330萬石京師食用，通倉70萬

⑨趙岡、陳鍾毅，《中國農業經濟史》（台北，1989），頁448。

⑩《史記·平準書》。

⑪《新唐書·食貨志》。

石,供遼餉。可得:

　京倉330萬石＝4億6,332萬斤,可養活116萬人。

　通倉70萬石＝9,828萬斤,可養活24萬人。

　清朝沿用明代漕額,連京倉與通倉的分配也如舊。

　應該強調的是,上面對歷代漕運量的分析與我們以前估計的歷代首都軍民人口總數,有密切關聯。漕運量不是首都糧食的消費總量,但相當接近,而且雙方的增減變化的方向完全一致 [12]:

朝代	首都	糧糧可養活人數	估計之首都人口
西漢	長安	46萬人	25萬人
唐	長安	51萬人	60萬人
北宋	汴京	157萬人	140萬人
明清	北京	116萬人	80萬人

　特別值得注意的是兩者變化趨勢:秦漢以來逐漸增加,至宋時達於高峰,然後略有下降或停滯。我們相信這就是糧食供應制約了城市發展的結果,與我們所瞭解的中國歷史上農業生產量的變動相吻合。我們也可以從漕糧的來源地來分析這個問題。漕糧是政府徵收實物農業稅的一部分。漕運的單位距離運費很高,政府自然希望儘可能從近處徵集,花費最小的總運費。但是京畿附近地區的農業生產力限制了農民的負擔能力。至少在長期,這種限制是真實而有力。所以當首都人口不斷增加時,政府便不得不擴大漕糧供應圈,延長運距,當然也隨之增加了運送成本。各地區的漕糧配額也可以反映出各地區農業生產力的差異。

---

⑫趙岡、陳鍾毅,《中國經濟制度史論》,第七章。

　　在中國歷史上，二十萬人以下的城市似乎都不須仰賴遠地的糧食。西漢長安的人口可能不過二十多萬，但是附近的長陵和茂陵人口衆多，整個「大長安」地區的人口十分稠密，所以關中地區的餘糧不敷食用，而要越過三門峽，遠道運進漕糧。此時的供糧區是關東地區，也就是黃河中下游的河南與山東。運距雖不算遠，但中間隔了一個三門峽，形成了瓶頸。即令依武帝時的褒斜道方案，也是要調集關東地區的餘糧於南陽，然後經漢水、褒水、斜水，繞道運到關中。據漢時人的說法，漕糧是取之於東海之濱，黃、腄、琅邪[13]。這些地點皆在山東境內。

　　隋及唐初，這種基本情況未變。江南尚在開發初期，無法提供太多的餘糧。如果中原地區可以徵集足夠的漕糧，就無須遠求江南。《隋書》指出漕糧來源的十三州，不外是山西、河南、山東，新加上一點淮河流域的地方[14]。所以，隋煬帝修建南北大運河，對當時的漕運並無裨益，其發揮作用是很晚以後的事。

　　唐中葉時中國的經濟中心才轉移到江南。唐室財政收入主要來自浙東、浙西、宣歙、淮南、江西、鄂岳、福建、湖南等八道四十九州[15]。漕運是田賦之一部分，自然也出自這些地區。可見此時的供糧區已伸延到淮河以南，五嶺以北；運距要比以前拉長許多。無怪韓愈說[16]：

---

⑬《漢書·主父偃傳》。

⑭史念海，《山河集》，頁245。

⑮《舊唐書·憲宗紀》。

⑯見史念海，〈隋唐時期自然環境的變遷及與人爲作用的關係〉，《歷史研究》，1990年第1期，頁57。

賦出天下，而江南居十九。

杜牧也說：

今天下以江淮爲國命。

唐德宗還要親率士兵前往河岸迎接江淮運達京師的漕米。不過到唐時爲止，漕運的癥結問題不在糧源，而在三門峽瓶頸之無法解除。

北宋建都汴京，擺脫了三門峽的瓶頸，又有四渠之便，從四面八方徵集漕糧。但實際的運量四渠十分懸殊，伸向東方及北方的金水河與五丈河的運量微不足道，80%以上是從南方經汴水及蔡河（後改惠民河）運達汴京。現在我們還可以查出皇祐元年（1049）江淮六路的漕運配額[17]：

淮南	150萬石
江南東路	99萬石
江南西路	121萬石
湖南	65萬石
湖北	35萬石
兩浙	155萬石

明清兩朝都制定了漕運定額以及各省的配額，地方行政長官要儘量完成交運的配額。其內容如下，明清相同：

---

[17]施昌，《墨莊漫錄》。

南直（江南）	171萬石
浙江	63萬石
江西	57萬石
湖廣	25萬石
山東	37萬石
河南	48萬石

　　與北宋相比較，明清漕運總量（折合市石）減少一些；在分配上，湖廣減額最多，而山東河南列入漕運範圍區。

　　在這裡有兩點要特別指出。第一，宋時從江淮運糧到河南開封，而明清則是直運北京，平均距離要拉長不止一倍。 明清時的京杭大運河總長3,400多里，但山東河南攤得配額不過21%，如果計算其加權平均運距恐怕要超過2,000多里，所以明清的漕運成本要遠高於北宋。

　　第二，清代沿襲明代漕運配額，是不合理之事。到了清代。江南與浙江地區已然人口過剩，糧食無法自給自足，已經由「蘇常熟，天下足」的形勢，變成「湖廣熟，天下足」。然而政府仍以由兩地爲漕糧的主要徵集區，負擔泰半的漕糧，江南人民不得不從長江中上游購入大量糧食，以補民食之不足。清世宗自己在諭旨中就說[18]：

　　　浙江及江南蘇松等府，地窄人稠 ，即豐收之年，亦皆仰食

　　　　　　　　　　

⑱馮爾康，〈十七世紀中葉至十八世紀中葉江南商品經濟中的幾個問題〉，《清史論叢》，第七輯，頁43。

> 於湖廣、江西等處。蘇松戶口繁多，民間食米多取給於外
> 販。

嘉慶末年，包世臣說：

> 蘇州無論豐欠，江廣安徽之客米來售者，歲不下數百萬
> 石。

即令是較小的無錫，農戶也要買外來米。

> 大抵多藉客米，非邑米也。

　　漕運配額造成不合理的糧食迂迴調運，使實質上的平均運距遠超過漕糧配額所顯示的運距。也就是說，江浙地區每年要向京師交運230多萬石漕糧，同時又要向長江中上游購入幾百萬石的米糧。

　　比較歷朝漕運量，我們可以看出另一重要事實。那就是明清首都人口已較宋朝減少，然而糧食的供應圈卻擴大了，平均運距拉長了，單位糧食的平均運費增加了。此現象顯示中國農業部門的餘糧率在下降中，也說明了為什麼明清的城市人口無法進一步集中，京師規模無法擴增。

　　最後讓我們看一看漕運成本。糧食是笨重貨品，陸運費用很高。歷史上曾經有過陸路轉漕的實例。《明實錄》成祖永樂二十年（1422）曾有紀錄。該年由北京運送37萬石軍糧至遼東，動用了驢34萬頭，車117,573輛，挽車民丁235,146人。成本驚人。更大數量的糧食只能水運。不幸中國天然河川的分布與結構均不理想，不得不修建人工運河來完成此項任務。可是運河之開挖、維護、以及日常營運，費用也很可觀。現在讓我們一項一項地算算這些賬。

　　修建運河是大工程，隋煬帝開通濟渠時，發河南淮北諸郡民，前後百餘萬；修永濟渠時也詔發河北諸郡男女百餘萬。中原的地勢是南低北高，水流的方向與漕運的方向相反，必須靠船閘才能通

航。即以元朝修通的南北大運河而論，從浙江杭州為起點，直到與黃河平交處，地勢上升50公尺，沿途都要分段置船閘，逼升水位，讓船隻逆流而上。運河過了山東境內的最高點後，再向北行，又是順流，落差也很大。運河全程共有船閘62座，其中47座是集中在山東境內的會通河，這一河段全長不過265里。因為船閘密集，會通河又稱閘河。可見運河的開鑿工程與維修都是很艱巨的。

光有河道不行，尚需倉庫與船隻。西漢時，僅僅從關東運糧到關中的短短距離，「築倉治船費直二萬萬餘」[19]。漕船要經過三門峽，船隻的損失率極高。北宋時之漕運雖無三門峽之險阻，但運距長，運量大，「淮南之船，以供入汴之綱，常六千隻」[20]。明清的漕運距離更長。明代漕船定額11,770隻，規定三年小修，六年大修，十年汰換。清代漕船定額是10,455隻，每年抽換十分之一。

所需漕船如此之多，主要有兩個原因。第一，運河多數河段水淺，只能行駛吃水淺的小船，載重量有限，故船隻須多。第二，受河道條件所限，船行緩慢，每船每年不能往返數次。據記載，唐時由揚州運漕糧到洛陽，往往需要八、九個月，每日船行10里；過三門峽這一段又要百日[21]。到了明清，政府要求滿載之船順水每日40里，逆水每日20里，回程空船可以較快。江南來船，全程單程應百日左右。但實際上往往都超過此時限，尤其是過閘河時，有時等水滿船隻依次過閘門，要等月餘。滿載船單程用時半年並非罕見。而回程船往往趕上冬日運河結冰，要破冰而行。

⑲《中國歷代食貨典》，卷一五五，〈漕運部〉。

⑳《玉海》，卷一八二。

㉑《中國水利史稿》，中，頁17。

　　事實上，運河的容量不大，光是應付漕船已感擁擠不堪。在淮水以南，河道尚寬，民船商船可以利用運河行駛，政府設關徵稅，稱船料。至於北方的幾處河段，河狹而淺，形成交通瓶頸。在這種情況下，漕船有優先權，有時甚至禁止商船行駛，如通惠河，只能駁運漕糧，不通商旅。所以在很大的程度上運河就是漕河，專供漕運之用。運河沿岸出現許多商埠，它們最大的使命是為漕運人員與船隻服務。當然，有限的商船貨運，以及漕船上的軍夫與役夫合法及非合法運載的土產貨物，對於沿岸城市之商業也有些貢獻。此外值得注意的是，漕運都是單向運輸，從糧源地航向京師；回航時雖非全然空船，但所載甚少。這也是很不經濟的事，也表示運河並未高度發揮商品交流的功能。一旦河道情況惡化，運河全部用來運輸漕糧，尚無法完成定額，此時當然更無多餘的運載能力供應民間貨運。所以，過高估計運河對南北交通及商品流通的貢獻，是與實情不符的。

　　運河河道之維護是一個大問題，尤其是北方的運河。這些運河，本身沒有水源，都是分天然河川之水。中國北方的河流歷來多泥沙，尤以黃河為甚。凡是引黃河水的運河壽命都不長，雖年年疏浚，也無濟於事。隋煬帝時開鑿的通濟渠，宋時稱為汴河，曾經一度是南北漕運的動脈。但是到了宋熙寧年間，汴河自開封至襄邑一段河底皆高出堤外平地一丈有餘，成為地上懸河。至南宋乾道時，全部汴河已然報廢，河身成為平陸。每一次黃河改道，就會導致若干運河河道之敗壞。清乾隆朝有鑒於運河水淺，漕運不便，乃決定引黃濟運，結果沒有多久運河便淤塞而不能通航，不得不改從海運。歷朝政府都以漕運為頭等大事，委派位高權重的大臣督導漕政，派遣相當兵力維護沿線的安全，此外還需要大量人力從事漕糧

之裝卸，漕船之駕駛，以及經常性的維修及管理工作。政府有時徵
發農民，有時雇用專業的民夫及軍夫，從事運送之工作。徵發農民
的弊害是影響農耕工作。明初實行過此法，就有人指出[22]：

> 農民經年往復在路，送納上年糧米，乃至歸家，下年秋糧又
> 當起程，以此不得及時耕種。

這是當時實行的支運辦法，人民負責送糧至指定地點入倉。

有人以蘇州府爲例，估計所需漕運人夫[23]：

> 本府實在人戶三十六萬九千二百五十二戶，宣德五年派撥北
> 京、臨清、徐州等處遠運白糧米一百五十餘萬。大約每夫運
> 糧一十石，共用人夫一十五萬，計每戶須出一人，其餘該運
> 南京衙門白糧俸祿等米，並淮安等倉糧米，又該用七八萬
> 人。

全部漕運所需民力可觀。後改爲長運法，由政府雇用專職軍士及役
夫運送。

以兵卒運漕糧，始於西漢。漢宣帝五鳳四年大司農耿壽昌上
言[24]：

> 故事歲漕關東穀四百萬斛，以給京師，用卒六萬人。

他稱這些人爲漕卒，大多爲縴挽漕船。唐初和雇民夫挽漕，至代宗
時，劉晏改以士兵代之[25]：

---

[22]《況太守集》，卷八，引自楊亞非，〈試論明代漕運方式的變革〉，
《社會科學戰線》，1986年第2期，頁165。

[23]同上。

[24]《中國歷代食貨典》，卷一五五。

[25]《新唐書·食貨志》，卷五三。

> 十船爲綱，每綱三百人，篙工五十人，自揚州遣將部送至河
> 陰。

北宋是和雇民夫[26]：

> 今運米一斛至京師，其費不啻三百錢。

明清行長運法時，軍夫民夫並用。明時行運官軍126,800人，另雇
若干民役。清沿明制，設河兵營，另雇民夫若干。

很明顯，漕運費用可觀。歷朝都有反對漕運聲浪。唐人陸贄曾
引述當時反對者的看法[27]：

> 歲運租米，冒淮湖風浪之弊，溯河渭湍險之艱，所費至多，
> 所濟蓋寡。……故承前有用一斗錢運一斗米之言。

北宋人賈昌朝也說[28]：

> 東南六路汴河歲漕六百萬石，浮江泝淮，更數千里。計其費
> 率數石而致一石。

清人包世臣說的更詳細[29]：

> 夫南糧三四百萬石，連檣五千餘艘，載黃達衛，以行一線運
> 河之間，層層倒閘，節節挽牽，合計修堤防，設官吏，造船
> 隻，廩丁舵，每漕一石抵都，常二三倍於東南之市價。

以上所列只是有形的直接成本；此外還有間接的成本，甚至許
多無形的資源損失。譬如說，明清漕運定額是400萬石，但農民所
繳納的數量遠超過此數。政府明文規定，農民每繳納一石漕糧時要

㉖《文獻通考》，宋太宗端拱二年。

㉗《全唐文》，卷四七三。

㉘《中國歷代食貨典》，卷一五五。

㉙包世臣，《庚辰雜著四》，卷三。

附加運輸沿途的耗損，視距京師遠近而異，由四斗至八斗不等。但實際繳納的耗羨又往往超過政府的規定數額。清初人估計民間需加米800萬石，是原來定額的兩倍[30]。換言之，民間的眞正負擔是1,200萬石。

修建運河尙有其他嚴重之弊害。中原地區的運河引入黃河之水，增加了黃河爲害的程度。黃河是中國的大禍患。歷來治河的指導原則是「束水攻沙」，在黃河兩岸建築高堤，把河水束約其中。束水本身是消極防災。它的積極作用是在於把河面縮得很狹窄，增加河水流速，用河水自身的力量把泥沙沖刷到海裡去，以加深河床。即束水之最終目的在攻沙。既然行此治河方針，河水便不宜外分。否則水量減少，流速降低，河水沖刷泥沙的力量減弱，泥沙便要在狹窄的河床上快速地沈積下來，造成更嚴重的問題。所以治黃的水利專家往往反對黃河分水。例如清初的胡渭就說[31]：

> 河水爲鴻溝所分，力微不足以刷沙，下流易致壅塞，此宿胥改道之由。

鴻溝尙且如此，何況南北大運河。

興築運河所引起的另一大問題是打亂了華北地區天然河流的排水系統。大體說來，華北的中小河流原來都是獨自由西而東，流入大海。南北走向的大運河開通後，大的天然河流雖由運河聯結起來，小的支流卻被從中切斷，喪失了排水出路。尤其是當運河因泥沙淤積而變成地上河以後，兩岸堤壩高築，更無法接受運河以西各小支流送來的水。於是這些河川便向南北流竄，爭取出海口，以便

㉚姚漢源，〈京杭運河史述略〉，《平準學刊》，第二集，頁73。

㉛鄭肇經，《中國水利史》，頁189。

宣洩，結果造成其他河流的不穩定性。另有一些河流找不到出路，
便到處積存，結果使附近的土地鹽鹼化。宋人王曾就曾指出此
點[32]：

> 汴渠派分黃河，自唐迄今，皆以爲莫大之利。然跡其事實，
> 抑有深害，何哉？凡梁宋之地，畎澮之制，湊流此渠，以成
> 其大。至隋煬將幸江都，遂析黃河之流，築左右堤三百餘
> 里，舊所湊水，悉爲橫絕，散漫無所歸，故宋亳之地遂成沮
> 洳卑濕。

大運河從南到北築了高堤大壩，將東西走向的小河流從中阻
斷，所形成的弊害是兩方面的。對於運河以西的地區，把排水系統
打亂，無法宣洩之水，儲積各地，形成水澇與土壤鹽鹼化。對於運
河以東地區而言，則是切斷了這一地區的上流供水，造成農田缺水
的乾旱現象。

事實上，漕運與農田爭水之現象，早已是眾所週知。春秋戰國
時期所開鑿的溝渠，以灌漑爲目的，非爲航運，故不求其水深，於
是農田受益，成爲畝鐘之國。後來修建的運河，以航運爲主，常恐
其水淺而不能行舟。各運河引天然河川之水，始終感到水量不足。
宋時尚希望兼顧運河的航運與灌漑的雙重功能，在汴渠設置斗門，
允許農民用汴水灌漑農田。但不出四年，汴渠水位便大幅下降，漕
運難通。從元朝開始，便以漕運優先用水，不惜犧牲農業生產，將
農田用水的渠道堵塞，沿線又修建水柜，儲水濟運。例如元中統三
年（1262）曾在河北內邢洺等處引漳滏澧等河及達泉之水，灌漑水
田，種植稻米。後來因爲稻田用水影響了御河流量，使漕運不

---

[32]王曾，《王文正公筆錄》。

通，於是就堵塞了這些河流上的分水渠口，放棄了這一大片稻田[33]。明清時期，漕運當局甚至將魯中地區的泉水都加以控制，將四百餘泉眼流出之水統統截攔在運河邊預設的水柜中，以備漕船通過時放水入運河，以提高水位。顧炎武曾述及[34]：

> 漕在山東省出入郡境，十居其七，而汶泗沂洸諸水挾百八十泉之源，互相轉輸，以入於運。環千里之土，居名山大川之列，以奉郡水，涓滴之流風，居民不敢私焉。

康熙年間加嚴了農田用水之管制，規定每年五月初一盡堵渠口，嚴禁民間放水灌田。乾隆初再重申禁令，務使涓滴不至旁泄，糧運可保遄行無阻。

從今天的智識來看，上述各項問題是公共工程的成本效益分析及生態環保之問題。今天三峽計議修建大壩，大家就這類問題分析研究了近十年。古人見不及此，只為供應京師糧餉，再三修治運河，不計成本，以政府的力量與津貼來維持漕運。但是偶爾也有明眼人，能夠看出其成本與效益之不平衡。明徐光啓在其〈漕河議〉中即言：

> 漕能使國貧；漕能使水費；漕能使河壞。

如果我們今天用現代的公共工程成本效益模式，仔細分析，可能會完全同意徐光啓的結論。

㉝鄒逸麟，〈歷史時期黃河流域水稻生產的地域分佈和環境制約〉，
 《復旦學報》，1985年第3期，頁227。
㉞顧炎武，《天下郡國利病書》，卷三八。

第六章　論中國歷史上的市鎮

一、比較觀察

　　近幾年國內掀起了一陣市鎮史研究熱潮，佳作迭出。許多學者花費大量精力與時間，將地方志與碑刻上有關市鎮的資料，發掘蒐集，並悉心整理，供後來的研究者可以很容易地看出這些市鎮發展的軌跡與經濟活動。但是不幸這些精彩的研究作品卻對於這個課題留下了一個很關鍵性的空白點——缺一個宏觀的詮釋。大家指出明清時期市鎮的數目與規模都有快速的增加，是因為這時期的人口、商業、手工業都有快速的增長。好像事情就是這麼簡單，好像這是一個國家城市化自然而正常的過程。

　　如果我們進一步深究一下，可能就不會滿意上面的簡單答案。如果我們追問，人口增加，為什麼不進城去？不向大城市發展？不在大城市裡從事商業與手工業？為什麼要在大中型城市以外創造這麼多的市鎮？讀者不要以為我所提出的是些可笑的問題。這些都是嚴肅的問題，需要嚴肅的思考，尋求嚴肅的答案。事實上，中國歷史上的城市化過程並非一個正常的過程，在世界上是獨一無二的特例。不錯，各國的歷史上都出現過許多小型的市鎮（market town）。但是，這只是城市化的過渡階段。市鎮所能完成的功能

與任務，大中型城市也都可以完成，而後者卻具有更多的規模經濟，所以小市鎮逐漸轉變發展成大中型城市，而市鎮在整個城市人口中的比重愈來愈小。但是中國明清時期的市鎮發展不像是一個過渡階段，而市鎮人口的比重也愈來愈大。如果我們把明清的市鎮與其他國家的城市人口結構相比較，就可以很清楚的看出中國的特異之處。如果我們再從縱的方面來探討中國市鎮歷朝演變過程，也會發現這種特異之點。因此，我們就需要一個宏觀的解釋——爲什麼中國的城市化過程與眾不同？爲什麼中國要依靠爲數這樣眾多，密度這樣高的市鎮？中國市鎮有那些功能是城郡所無法完成的？

外國觀察家對於中國的情況是比較陌生的。惟因陌生，他們能夠一眼就看出中國社會的特徵。中國學者只緣身在此山中，反而認爲一切都是理所當然，也就分辨不出特異之處。美國學者羅茲曼（Gilbert Rozman）曾有一本專書，比較清末中國的城市結構與日本德川末期的城市結構[1]。在此書扉頁，作者繪製了兩個金字塔形的圖形來說明中日兩國城市結構的差異。金字塔的底部代表小型集市之比重。中日兩國圖形底部之差異，是十分令人吃驚的。羅茲曼把這兩個圖形放在扉頁，表示他要強調所看到的中國特異之處。我們現在把19世紀中國、日本及英國（英格蘭及威爾斯）的城市統計加以比較[2]。中國城市人口的傳統分類是省治、府治、州治、縣治等城郡，加上市與鎮，這是行政分類。外國則按人口分類。現在爲

[1] Glbert Rozman, *Urban Networks in Ch'ing China and Tokugawa Japan* (Princeton：Princeton University Press, 1973).

[2] P. J. Corfield, *The Impact of English Towns, 1700 - 1800* (Oxford：Oxford University Press, 1982).

了便於比較，三個國家的城市都按人口分類：2,000－10,000人是
小城及市鎮；10,000人以上是大中型城市③。現將有關資料列表
如④：

	英國（1801）	日本（1868）	中國（1893）
(1)總人口（千人）	8,892	31,500	426,000
(2)城市人口（千人）	2,725	5,200	32,662
(3)城市人口比重〔$\frac{(2)}{(1)}$〕	30.6%	16.5%	7.7%
(4)最大城市人口（千人）	948	1,000	1,000
(5)最大城市占城市人口比重〔$\frac{(4)}{(2)}$〕	39.9%	19.2%	3.0%
(6)萬人以上城市數	49	83	289
(7)萬人以上城市總人口（千人）	2,079	3,700	16,182
(8)萬人以下城市數	139	650	7,100
(9)萬人以下城市總人口（千人）	646	1,500	16,480
(10)萬人以下城市比重〔$\frac{(7)}{(2)}$〕	23.7%	28.8%	50.4%
(11)萬人以下城市數與萬人以上城市數之比〔$\frac{(8)}{(6)}$〕	2.8	7.8	24.6

---

③英國的城市統計中是以2,500人爲起點，以下不列。因此，表中英國
　的小城及市鎮數略爲偏低，但誤差相信不會太大。

從上表可以看出，英國及日本的都市人口比較集中在大中型城市，在英國占都市人口的74％，在日本占都市人口71％，而小城市及市鎮中的人口只占都市人口1/4左右。中國的情形迥然不同，不足一半的都市人口是在大中型城市中，其餘都散居於小城及市鎮中。

中國7,100個小型城市包括不滿萬人的縣城及州治，但大部分是市鎮。清代有1,700個府、州、廳、縣治之城市，其中289個是超過萬人者；大約有1,300個是在2,000至10,000人之間；另有100個左右的邊區縣城，其人口可能在2,000人以下，不包括在此表中。於是7,100個小城市中大約有5,800個市鎮。當然這還不是清代市鎮的總數。羅茲曼估計當時中國有30,000多個市鎮[⑤]，其中有不滿十個市鎮是特大號的，有萬人以上之居民，應列入大中型城市一類，其他24,000多個市鎮又太小，居民不滿2,000，也未列入此表。大中城市數目與小城市數目相比，在英國每一大中型城市分配到2.8個小城市；日本是7.8個小城市；中國清末則是每一大中型城市配合約25個小城市。實在是十分懸殊。如果按中國的行政分類，設有官署的府、州、縣治，清時共有1,700個左右城市，而縣城以下的

---

④資料取自 Corfield 書，頁8－11；Rozman 書，頁 102 及 272 ；及 Kang Chao, *Man and Land in Chinese History*： *An Economic Analysis* （Stanford： Stanford University Press, 1986 ）, p.59.有關中國的若干數字是我將Skinner的數據修正後的結果。2,000–10,000人的城市是 Rozman 書中的第5級及第6級城市，他估計共有7,100個。

⑤Rozman，同書，頁108。

市鎮則有30,000多個，其比數也很接近1比20。

　　清末有30,000多個市鎮，是否高估了呢？看來不是。清末的《山東通志》即列舉了全省2,045個市集[6]；廣東省則有1,140個[7]；江南地區市鎮的密度更高，全國總數超過30,000應該是沒有問題的。這一點，研究此一問題的學者想來都會同意的。

　　那麼，這樣偏重於小城市與市鎮的狀況是否表示中國的城市化還處於初級階段？換言之，這是否是城市化初期的特徵，是必然要經過的階段呢？看來也不是。這要從城市化歷史作縱的比較。我們也先以英國18世紀的統計來看。18世紀是英國城市化很快速的一個時期。現將有關數字列表如下[8]：

	1700	1750	1801
(1)萬人以上城市數	7	20	49
(2)萬人以下城市數	61	84	139
(3)城市人口占總人口比重	18.7%	22.6%	30.6%
(4)萬人以下城市占城市總人口比重	29.7%	26.7%	23.7%
(5)萬人以下城市數與萬人以上城市數之比〔$\frac{(2)}{(1)}$〕	8.7	4.2	2.8

---

⑥莊維民，〈論近代山東的市場經濟〉，《齊魯學刊》，第6期（1987），頁25。

⑦羅一星，〈清代前期嶺南市場商人組織的功能〉，《廣州研究》，第2期（1988），頁62。

⑧P.J. Corfield，同書，頁8－11。

在短短的一個世紀內，英國城市人口占總人口的比重由18.7%
上升到30.6%。與城市化同步進行的變化趨勢是大中型城市相對的
增長。小型城市的數目雖然也有增長，但遠落在大中城市之後，兩
者之比由1：8.7降落到1：2.8。同時期小城市人口占城市總人口比
重也在逐漸下降。總之，我們看不出必須先透過小型城市才能進行
城市化的必然性。

從中國歷史本身來看也是如此。第一個表中顯示清末中國城市
人口只占總人口的7.7%，但這並不說明中國是處於城市化過程的
初級階段。事實上，中國很早就已開始城市化，在歷史上城市化的
程度很高。張鴻雁認為戰國時期的城市人口約占總人口的20%[9]。
我個人的估計比此數低，約為15.9%[10]。無論是20%或16%，都算
相當高了。到了宋朝，張鴻雁估計城市人口比重已上升到25%左
右；漆俠的估計是12%[11]。到了清代，無論如何也不能算是城市化
的起步階段。宋神宗元豐元年（1078）有1,600萬戶，應有8,000多
萬以上的人口；到了清末，人口已增至4.26億。然而這一段時間
內，中國境內的大中型城市數目以及規模都無顯著增加。《元豐九
域志》載北宋的州、軍、縣共1,350個，各有城一，計1,350城。
清時有1,700府、州、縣、廳行政單位。清的版圖比北宋大得多。
如果我們只計算北宋版圖內的清代行政單位，恐怕是沒有什麼增

⑨張鴻雁，《春秋戰國城市經濟發展史論》（瀋陽：遼寧大學出版社，
　1988），頁231。

⑩本書第三章。

⑪漆俠，《宋代經濟史》（上海：人民出版社，1988），下冊，頁93
　3。

加。至於城市規模，反有縮小之例。北宋汴京人口在140萬以上[12]；而清代京師——北京，全盛期時人口不過百萬。蘇州城人口在北宋徽宗宣和年間（1120）曾膨脹至「43萬家」，約在200萬人以上[13]，但該城清代人口從未超過100萬。事實上北宋時的汴京及蘇州，以及南宋的臨安，規模都達到歷史上的最高峰；在20世紀以前，再也沒有出現過這樣特大號的城市。據漆俠估計，北宋1,350個有行政官署的城，其中大約有150座可能超過1萬人口，其餘1,200座都在1萬居民以下[14]。兩者之比是1：8。此比數與日本1868年的1：7.8幾乎相等。而兩者的城市化程度也十分接近。

兩宋以後，大中型城市的發展完全停頓，城市化的新方向轉到市鎮。北宋的《元豐九域志》上列出1,884個鎮，其中500多個鎮上設置了官辦稅務；1,300多個沒有設置[15]。據判這些鎮的人口當時尚難超過2,000。此外尚有若干規模更小的市集。到了南宋，疆域縮小，但仍保存了1,280個鎮，估計還有4,000多個集市[16]。在這個基礎上繼續發展，到清朝全國竟有3萬多個市鎮。

我們要問，這種轉變是如何發生的？為什麼會如此？

---

[12]本書，第四章。

[13]傅宗文，《宋代草市鎮研究》（福建：人民出版社，1989），頁129，引宋人孫覿《鴻慶居士文集》卷二二之〈平江府楓橋普明禪院興造記〉一文。

[14]漆俠，同前書，頁932。

[15]李春棠，〈宋代小市場的勃興及其主要歷史價值〉，《湖南師院學報》，第1期（1983年），頁76－82。

[16]同上。

二、中國市鎮的起源

要弄清楚中國為什麼採取了一個獨特的城市化途徑，必先瞭解中國傳統社會的特點。第一，中國的傳統社會是一個以私有產權及小生產單位為基礎的小單元經濟（Atomistic economy）。表現在農業生產上這就是以小農戶為主的農村結構。小農戶先天就注定不能自給自足，必須經常進行交換。一個自給自足的經濟單位必須擁有很多的人力資源，然後才能進行內部分工，生產各種各類的生活用品。生產不同物品時需要不同的生產工具、設備、以及生產技術，這些都是「五口之家」的小農戶所不具備的條件。這樣的小農戶如果一定要自給自足，生產效率一定最低，成果一定最壞，所以當年孟子就批評過許行和他的徒弟說：

> 百工之事，固不可耕且為也。

事實上，許行率領他眾多徒弟，已然是一個小型合作農場，規模要遠大於五口之家的小農戶。許行尚且不行，何況小農戶。

所以，小農戶一定要集中他們的資源生產一兩項主要產品（通常是糧食），然後將消費所剩餘的部分拿去交換，以換取其他日用品。換言之，農戶們要經常進入市場，從事交易，以有易無。故《管子·乘馬》說：

> 聚者有市，無市則民乏。

小農戶雖然是離不開市場的，但在市場交易時卻受了很大的局限，那就是距離問題。一般農戶，無論是買或是賣，都不能走得太遠去進行交易。說得更具體一點，以當年的行速，他們必須在一天

之內從市場上來回，包括進行交易的時間。如果爲了買少量東西或賣少量產品而要在別處過夜，甚至耽擱三五天，對於大多數農戶此交易成本就顯得過高。兩千多年來儘管經濟上有發展與變化，這個距離上的鐵則從未被打破。

中國傳統社會的第二個重要特點是，從戰國開始，國鄙的劃分消失，城鄉的交流變得相對的自由。歐洲中世紀的封建制度下，莊園裡的農民與城市居民是不能自由來往。於是有些中國學者也將這種關係投影於中國的傳統社會，認爲中國在歷史上也是城鄉對立的。這是不正確的。所謂的安土重遷，只是一種心理狀態，而非體制。事實上，中國歷史上農民的流動性相當高。荒歉之年，常有上百萬的流民，離鄉謀生。在長時間內，人口也是由北向南遷移的。這些都不是由政府組織的。因此，如果中國的城市化採取了獨特途徑，我們不能從政府政策中去尋找答案。宋以後城郡的發展停滯，而市鎮蜂起，不是因爲政府不許農民進城。

第三個值得注意之點是，明清時期人口快速增加，以至於發生某種程度的人口過剩。這是英國及日本在城市化過程中未曾遭遇過的情況。人口過剩是一個十分簡單的概念，用不著另創新名詞來形容它，反而使讀者感到神秘而混淆。明清時期江南地區的方志中常有記載，俯拾即是。例如嘉慶《嘉興府志》卷三四說：

田收僅足支民間八月之食。

如果我們問農民爲什麼不再多勞動一些時間，增加二分之一的產量，豈不就夠一年十二個月的食用了嗎？農民一定會回答，再多勞動也沒用，夠「八月之食」是最高產量。用經濟學的術語來說，再增加勞動，邊際產量便接近零，總產量不變。如果只有一家兩家出現這種現象，我們可以稱之爲貧窮問題，但如果整個地區普遍出現

這種現象，那就是人口過剩的徵兆。其原因是人多地少，農產總量受到耕地面積所限，無法提供全年所需的糧食。對這種情況，我們不必歸咎於賦稅過重。所謂賦稅過重只是一種錯覺，當農民吃不到飯的時候，一分稅也是「過重」。事實上，許多學者利用實證資料研究過清的賦稅負擔，都證明每人的稅負都不重。例如乾隆末年的徵糧額，平均每人0.28斗[⑰]，即令加上一倍中飽私囊的數量，每人的平均負擔也不過0.56斗。這區區數量絕不會是造成人民普遍貧窮的基本原因。

除了上述三項特點應該指出外，我們還要注意城市發展所受到的制約。其實這並不是中國所遭遇的特殊情況，各國莫不受到同樣的制約，只是研究者往往忽略了這個問題。大家習慣的說法是，工商業發達就導致城市化；反之，工商業萎縮，城市化便停滯。這裡研究者只注意到城市化的動力，而沒有注意到城市化所受到的制約。這種制約來自農業生產部門。當一個國家沒有從外國大量輸入糧食的可能，一切民食全靠本國農業生產來供應時，農民的平均生產力決定該國能有多少城市人口或非農業人口。工商業能夠發展到什麼程度最後要取決於農業生產力，也就是取決於農業的餘糧率。不但如此，非農業人口會集中到什麼程度，城市如何分布，城市規模大到什麼程度，也要取決於農業生產部門的餘糧率。

以上面所述各點為基礎，我們重新回溯中國歷史上市鎮的發展背景與過程。

從西周開始，中國有了明確的城鄉劃分。西周以一個人數較少

---

⑰趙岡、陳鍾毅，《中國農業經濟史》（台北：幼獅文化事業出版公司，1989），頁523。

的部落征服了人數衆多的殷商，加上各地表示臣服的零星小部落，不得不採取一種特殊的方式來統治。於是周室分封爲數衆多的族人及功臣至各地，成立侯國，進行武裝殖民，統治各地原有居民，以藩屏周。於是每一個受封的侯國，在封地境內找一個合適的據點，築城來保衛並安頓帶來的本族人，稱國人。城外之地則留給當地的原住民和被征服者，供其居住與耕種，稱爲野人或鄙人。國人與野人之劃分，是種族的分野，也是職業的分野。國人從事行政管理及工商業，也有少數從事農業生產。他們都住在城裡。城外的野鄙之人則是農業人口。這樣的城鄉劃分在西周時是很嚴格的，因爲這是統治民族與被統治部落之間的政治劃分。但是戰國時期，這種嚴格劃分已漸泯滅，國野爭民，城鄉可以相當自由交流。

在國野嚴格劃分的時代，城外的農村沒有可供商品買賣的市場，市場一律設在城內，鄙野之人要進城才能買到所需的手工業品。爲了要買日用品，鄙野之人要先把他們手中的餘糧出賣，換成現金。 鄙野之人全是農民，他們沒有互相買賣糧食的必要，所以他們的餘糧是要運到城內的市場上出售。爲魏文侯作盡地力之敎的李悝就曾爲當時「一夫挾五口」的小農戶算過賬， 每戶歲收糧150石，自己食用90石， 納十一之稅15石， 剩下的45石要在市場上出售，每石售價30錢，共售得1,350錢。

當時的制度對市場之設立有嚴格規定，只能城中設市，並委官管理。《考工記•匠人》說：

匠人營國……左祖右社，面朝後市，市，朝一夫。

《周禮•司市》記載道：

大市日昃而市，百族爲主；朝市朝時而市，商賈爲主；夕市夕時而市，販夫販婦爲主。

這些城中之市是否能完全滿足城外農民的需要呢？據文獻記載[18]：

> 梁之東地，尚方五百餘里，而與梁，千丈之城，萬家之邑，
> 大縣十七，小縣有市者三十有餘。

方500里即25萬平方里，折合41,000平方公里。境內約有大小50個縣城內有市，平均每800多平方公里才有一市，這比明清市鎮的密度要小得多[19]。幸而當時的人口少，即令是鄙野之人也是居住於城之近郊。離城較遠之地尚未開發，無人居住。所以農民進城在市場上買賣，費時也不會超過一天。

到了後來，人口漸增，農業區擴大，漸漸有人在離城很遠之處居住及耕作，進城買賣所需時間便不止一日，於是有在城外農村設立市場之必要。《管子·乘馬》說：

> 方六里為之暴，五暴命之曰部，五部命之曰聚，聚者有
> 市，無市則民乏。

按每里8戶農家計算，每聚約有1,200農戶，應設立一個農村集市。這便是管子的構想。當然，在執行上不會這樣整齊劃一。

鄉村的集市未必全是由政府籌劃而設立的，很多可能是自然形成的。最初有少數人選定了一個地點，進行交換或買賣，久而久之，召來更多的農民，形成了一個市集。最容易被選定的地點就是早期的交通站和河川渡口。

---

[18]張鴻雁，前引書，頁253，引錄《戰國策縱橫家》之〈見田儀于梁南章〉。

[19]例如明代福建省每個集市的平均貿易圈是542平方公里。平原地區市鎮更密集，見王根泉，〈明清時期一個典型農業地區的墟鎮〉，《江西大學學報》，1990年第2期，頁84。

中國境內的長距離商業運販，已有長遠的歷史，不過主要是對城市居民服務，並不直接惠及農戶。然而因爲長途運販促進了國內交通，間接幫助了農村的集市貿易。《尚書・酒誥》說：

> 肇牽牛車，遠服賈，用孝養厥父母。

已經提到長途商販活動。《史記・貨殖列傳》中記載：

> 富商大賈，周流天下，交易者物莫不通，得其所欲。

司馬遷的〈貨殖列傳〉就是專門爲這些人立傳的。從戰國開始，各地有名的手工業產品習慣上都標明產地及製造者姓名，即「物勒工名」之制。這顯然是爲了遠銷他方，對本地市場無此必要。湖南馬王堆漢墓出土的漆器，有些即寫明「成市包」等字樣，據考訂這是成都的產品。日人從吐魯番唐墓中發掘出來的《大谷文書》中有西州市場上的商品單，其中的紡織品都冠以地名，如梓州小練、河南府生絁、蒲陝州絁、常州布、維州布、益州半臂緞。這些資料都證明當時中國已有全國性市場。宋時汴京市場上也往往列明商品的產地，如像會稽竹箭、幽州筋角、赤山文皮、四川藥材、兩浙漆器、河北鐵器等。明朝的商店通常也以商品產地爲標誌，如南京羅緞舖、蘇杭羅緞舖、璐州綢舖、澤州帕舖、廣鍋店等[⑳]。16世紀末利瑪寶從廣東前往江蘇，在翻越大庾嶺時在山道上看到穿梭來往的商人[㉑]：

> 來自各省數量驚人的商品都擁集到這裡，這些商品準備越嶺運往南方。同樣，擁集在嶺南的商品也等待運往北方……挑

---

⑳《嘉靖宣府鎮志》，卷廿。

㉑林金水，〈利瑪寶看到的明末社會經濟〉，《中國社會經濟史研究》，第4期（1984），頁120。

夫多得不可勝數，每天從早到晚隊伍總是連綿不斷。

利瑪竇對此景象大感驚奇，正表示當時中國境內的商業運脈遠超過歐洲。

除了商人以外，政府為了各地公務來往，也以國家財力來維持驛道。《周禮・地官》記載：

> 凡國野之道，十里有廬，廬有飲食；三十里有宿，宿有路室，路室有委；五十里有市，市有侯館，侯館有積。

這就是春秋戰國時的郵傳制度，沿途有郵站和傳舍，供旅客打尖住宿，甚至有倉庫供商販存貨。這些記載並非虛構。《左傳・昭公元年》記載有：

> 楚公子圍聘於鄭…乃館於外。

《史記・白起傳》說：

> 武安君既行，出咸陽西門十里，至杜郵。

都證明城外有館及郵站。唐代以長安為起點，修築了7條放射形的驛道，沿途每30里設一驛站，全國共有1,639處驛站[22]。

這些交通驛站，最初都不是為農村集市所設立。不過它們有永久性的建築及長駐的管理人員及服務人員，在一片曠野之中，它們是最好的地理標誌。於是當農民要在鄉野選擇集市地點時，這些交通站便首先當選。與它們相類似的是河川水道上的渡口與碼頭，也是容易辨識的地理標誌，而且交通便捷。所以最初的農村集市都是設定於陸路交通站及水路的津渡旁。這些在城郡以外出現的農村集市愈來愈多。漢代王符在《潛夫論》中說：

> 天下百郡千縣，市邑萬數。

---

[22]《新唐書》，卷四六。

市邑即指此類農村集市而言，當然，「萬數」是誇張之詞，形容其多而已。

　　南北朝以後，佛教傳入中國，各地修建了許多寺廟，有的在城內，有的在城外。寺廟也是很好的地理標誌，很自然就變成了農村集市的地點。所以後來幾乎所有的寺廟都有廟會。郊區的寺廟不但可供市場交易，往往還容納商旅住宿，有邸店之功用。此外軍隊駐紮點也容易引來不少商業活動。南北朝時已出現許多固定的駐軍點，稱為軍鎮，後來逐漸變質，變成縣級以下的市場。

　　早期的農村集市，性質上相當單純劃一，是為了無法自給自足的小農戶進行交換與買賣。他們首先要把他們的產品，主要是糧食，銷售出手，然後以所得之款購買他們需要的日用品和副食品。這時自然有小商人出現，有人收購糧食等農產品，運往城郡去出售；有人從城郡中販來小手工業品和油鹽，在農村市集上出售。雙方都是零星小量的交易，不需牙人及中介商，直接見面。因為每種商品的總銷售量有限，小商販如果每日在一地開市，所獲之利潤不多，難以維生。所以早期的農村集市泰半是定期舉行，每隔固定的日數，開市一次。南方多以墟市一辭稱之，指此特性而言，即「有人則滿；無人則虛」。在同一地區內的若干集市，彼此集期錯開，小商販便可每日前往一地售貨，輪流各市，便可獲得足夠的收入。

　　唐代盛行以「草市」一名稱之。草市一詞的含義可能有二。一個是與墟市類似，表示不是常設市場，極少固定商業建築，大都是臨時性的草棚等簡陋設備。另一可能解釋是，唐時政府對市場的管理最嚴，規定非州縣之所不得設市。但是正式的州縣之市不能滿足農民的需要，於是出現了許多定期集市，稱之為草市，以別於州縣之市。草者，非正式，非常設，草創未完之義，以免觸犯政府設市

之法令。

　　宋代是中國市鎮發展史上的轉捩點。宋採中央集權制，前朝軍
鎮中的駐軍大都撤走，鎮被改爲地方性的商業中心，設文官管理。
許多原是定期的農村集市，此時已成長爲規模不小的常設市場，宋
朝政府將之正規化，設爲稅場務，派有專人駐守，徵收商稅。更重
要的是，宋以後市鎮的數目快速增加。宋時的市鎮，設稅場務及未
設稅場務的統統計算在內，估計有5,000多個；到了清末，此數已
躍增至三萬餘。

　　明清兩朝大體沿襲宋的辦法。農村集市是由農民主動設立的，
未經政府事先的籌劃。但是一旦達到相當規模，便要經過地方政府
批准，成爲正規的市。政府要規定集市的日期，以免與鄰近的市期
相衝突。有時地方政府委派官員駐守，坐收商稅。正規化以後的市
如果繼續發展便可升格爲鎮；更大的甚至可以升格爲縣治。例如，
明宣德四年（1429）置平湖縣，以當湖鎮爲縣治，又置嘉善縣，以
魏塘鎮爲縣治。萬曆元年（1573）置靑浦縣，以唐行鎮爲縣治。震
澤也是一例，在淸代升格爲縣。在極少數的特例中，市鎮有被降格
者，甚至被取消常設市鎮的資格。總的來說，市鎮升格爲縣治的不
多，市鎮被取消資格的爲數更少。所以兩宋以後，內地各省州縣總
數變化不大，而市鎮數目之增加卻是驚人的。

　　從經濟角度來看，宋代成爲中國城市化過程中的轉捩點，其最
突出之處，是市鎮開始發生明顯的分化。有一類市鎮，其功能與往
時相同。小農戶無法自給自足，必須要將手中剩餘的農產品賣掉，
換取所需的日用品，於是農村集市應運而生。這類市鎮我們可以稱
之謂傳統式市鎮。它們是糧食及農產品的收購點，供應附近城郡，
同時也是手工業品的分發點，零星的售給農戶。宋以後另有一類市

鎮出現。因為人口過剩，農戶無法專靠農業生產維生，不得不以副助農。這些農戶要出售的是他們的副業產品，要換取的是糧食，市場商品的流向完全顛倒過來。我們可以稱之謂非傳統式市鎮，或新型市鎮。它們是副業產品的收購點，然後運銷他方，同時又是糧食的零售站，商人將遠方的糧食運來零售給附近的農戶。兩類市鎮都是從農戶手中收購東西，只是收購品種不同，所以兩類市鎮都必須面對農村，設在廣大的農村中，為農戶服務。現將兩類市鎮分述於下。

三、傳統型市鎮

傳統式的市鎮，是農戶手中剩餘農產品，尤其是糧食的收購點，同時是手工業品的分發點，這個基本功能，兩千多年來始終未變。這些市集的特徵也前後如一，明顯可辨。這種市場上的交易量小，很少涉及長途運販，很少有高檔的消費品出現，也沒有大商人與中介人參加，都是小商販與農戶直接面對面交易。歷史文獻對於這些特點常有很生動的描述。例如：

> 迤邐轉谷口，悠悠見前村。農夫爭道來，聒聒更笑喧。數辰競一虛，邸店如雲屯。或攜布與楮，或驅雞與犹。縱橫箕箒材，瑣細難具論[23]。
> 喬木村墟十里秋，漁鹽微利竟蠅頭。平坡淺草眠黃犢，小渚輕波泛白鷗。竹外客喧山市散，柳陰人醉酒旗收[24]。

---

[23]宋人《參寥子詩集》，卷一，〈歸宗道〉。
[24]黃伯厚詩，載《道光羅源縣志》，卷二七。

交易的內容與數量則是：

> 佃戶攜米一斗或三四升，至其肆，易香燭、紙馬、油鹽、醬
> 醯、漿粉……[25]。

> 所集之貨，多鹽米布帛，取便日用，無甚居奇罔利者[26]。

> 市廛有地，交易有期，皆日用常物，無大賈也……縣市花布
> 農器，即絲帛亦少。各鎮市粟米酒脯菜炭而已，資生興利無
> 長策[27]。

> 布粟蔬薪而外，更無長物，餘皆於會期取給焉[28]。

> 惟有會日，則群出購買衣裙紬布等物[29]。

> 鄉人嫁娶所需，只待會期採辦[30]。

> 撫州古市，惟市酒米柴薪南帛而已[31]。

> 市鎮非列貨若都會，只農器鹽米備民用[32]。

這都是典型的傳統市鎮之寫照。

傳統市鎮的基本功能是便利農戶出售剩餘農產品，以換取其他
日用品，交易是由農戶主動。但是農戶要出售農產品，如糧食，一

㉕魏了翁，《古今考》之〈方四續考〉。
㉖《道光寶慶府志》，末卷。
㉗《乾隆富平縣志》，卷二。
㉘《光緒文水縣志》，卷三。
㉙《光緒永壽縣志》，卷四。
㉚《民國萬載縣志》，卷四。
㉛《光緒撫州府志》，卷十二。
㉜《乾隆嵩縣志》，卷十五。

定要先有銷路，那就是附近城郡非農業人口所需要的口糧。供需雙方要對口。這種關係可以簡化成下面的模式來說明。假定在某一地區內：

A：代表集市的數目。

B：代表每個集市每次的平均交易量。

C：代表會期頻率，如一旬兩次或三次。

Pr：代表本區內之農民人數。

S：代表本區內之餘糧率，如80％自用，20％剩餘出售。

Pu：代表本區內城郡中之非農業人口。

D：代表非農業人口每人每期之糧食消費量。

於是集市上買賣雙方的均衡關係將如下：

$$Pr \times S = A \times B \times C = Pu \times D$$

$Pr \times S$ 是本區內剩餘糧食之總量，正好等於城郡人口的該期糧食消費總量。這種供需關係要透過集市交易，A個集市，共集會了C次，每市每次收購B量，全部收購量 $A \times B \times C$ 可送達城郡消費者手中。其反方向的商品流量也相當於 $A \times B \times C$ 之量，由農戶買去消費。現在假定農村有20％的餘糧率，城郡非農業人口有10萬人，這樣就需要從50萬農民手中收購食糧，也就是此城郡的糧食供應圈。這個數量大體決定了這個糧食供應圈內會有幾個傳統市鎮，集會頻率如何，平均交易量如何。現在讓我們看一看，當上述之假定數值發生變動，將會導致市鎮方面的何種變化。

在「正常」的情況下，或者說在英國日本等國家的歷史時期，農業生產力向上發展，農民的餘糧率上升。此時農業部門能提供的餘糧總量增加。如果不但餘糧率增加，農村人口也增加，則餘糧供應總量將要增加的更快更多。但是糧食的需求彈性很小，糧食的供

給量增加，沒有人買也是沒有用的。在這種情況下，就會有些農村人口移居城郡，從事其他職業。於是 Pr 減少，Pu 增加。換言之，城市化的過程進一步進行。

其次，城郡的糧食供應圈縮小，但總供應量卻增加。於是市集的集會頻率會增加；增加到一定程度後，定期集市便變成了常設市鎮，每日有交易買賣，而且交易量也顯著增加。在這種情況下，市鎮的數目反而不易增加，因為供應圈縮小，平均運距也縮小，沒有增加更多收購點之必要，只要現有市鎮規模擴大便可應付。在這種情況下可能出現的變化簡列如下：

S 增，由20％變為50％

Pu 增，城市人口增至10萬以上，20萬以下。

Pr 減，農村人口減至50萬以下，40萬以上。

B 增

C 增

A 不變

在理論上，這是在「正常」情況下應有的城市化過程。城郡規模愈來愈大，或是城郡數目愈來愈多；市鎮數目略有增加，但不會大量快速增加；城市人口增加，農村人口減少。

在「特殊」的情況下，農業部門的餘糧率會下降。這並不表示農業生產沒有進步，而極可能是農業生產增加的速度趕不上人口增加的速度，因而每人平均占有糧食量下降，餘糧率自然減少。仍然利用前面的例子說明。假定現在上述地區的餘糧率由20％降至10％。原來的糧食供應圈以內的總供應量隨之下降一半。但是城市運動可以停滯下來，卻難以逆轉。要讓城郡中一半人口遷回鄉村是難以實現的。很可能城郡仍保持10萬居民。這樣一來，城郡的糧食

供應圈便要擴展一倍。以前是從50萬農民手中收購餘糧，現在勢必要從100萬農民手中收購。儘管供應圈放大，收購總量卻未增加，因此集市頻率 C 及集市規模 B 沒有增加的必要。相反的，因為小農戶受運距的局限，只能在當天來往的距離上市交易，擴大供應圈後就必須增加收購點，而每個收購點的交易量卻要相應的減少。在這種「特殊」的情況下所產生的各項變化可簡列如下：

S 減：由20%降至10%

Pu 不變

Pr：原供應圈內人口未變，但糧食供應圈向外伸延一倍。

A 增加：由於糧食供應圈擴大

B 減少

C 大致不變

這種現象不得稱為城市化的進步或提升，充其量只能稱之為城市人口之稀釋或疏散。換言之，由於糧食供應愈來愈困難，城市的集中程度不得不降低。

　　我個人的看法，上述的第二種情況正是我國宋代以後所遭遇的處境。吳慧與我都曾對歷代每人平均占有原糧之數量作過估算（單位市斤）[3]：

	吳慧	趙岡
兩漢	963	574
唐	1,256	716
宋	1,159	906
清中葉	628	830
近代（1949）	418	418

我們兩人求得的絕對量出入很大，但變化趨勢則相同。從宋朝開始每人平均占有原糧之數量下降，農村的餘糧率自然相應減少。而從宋代開始的城郡與市鎮之變化，正如我們所預期的，充分反映了農村餘糧率之惡化。清代幾個特大號的城市如京師與蘇杭，人口都遠在宋代水平之下；清代中原地區的州治與縣治數目也與北宋時相差不多；而市鎮數目卻在這段時期有顯著的增加。

以上是對傳統市鎮所作的一般性分析。現在我們附帶說明一下傳統市鎮中的一種特殊形態，即大都市的衛星市鎮與專業化市鎮。這類市鎮也是由農戶前來販賣他們的農產品，換取現金，以供購買其他物品，所以是屬於傳統市鎮一類。

在春秋戰國時，市設在城內，城外農戶要拿著他們的剩餘農產品進城來賣。後來逐漸擴展城郊，出現附郭市集。鄭國首都郊外有逵市，這是最早出現的附郭市場。此後這類集市愈來愈多。理由很簡單。許多城郡修建之初未能預見日後居民之膨脹，沒曾預留市場發展的餘地，等到後來城內人口增加，市場交易量上升，原有的市場場地便不敷應用，只能到郊區尋覓新市場的場址。其次，中國式的城牆與城門之設置，對於市區內之商業發展也形成一種限制，這是外國城市發展過程中沒有的問題。每一個城郡只有少數幾個門是對城外之通道，以當年車輛行駛速度，每個城門每天能夠通過的貨物數量有限。更何況城門夜間還要關閉，不是廿四小時通行的。所以每個城郡每天可以運進的貨物量有其極限。當人口不斷增加時，不久就會達到這個極限，商販無法運貨進城，只能在城外另闢市

㉝吳慧，《中國歷代糧食畝產研究》（北京：農業出版社，1985）；趙岡、陳鍾毅，《中國農業經濟史》，第七章。

場,讓城內的消費者出城來購買。城門所形成的瓶頸,對大城市是特別嚴重的問題,因為城區大一倍時,城門數未必增多一倍。除此以外,城郡過大時,城內居民往往會遭遇其他不便之處,有人便希望移居城郊,可以兼有城郡與鄉村的好處。宋人楊侃就指出汴京居民的心態[34]:

> 甲第星羅,比屋鱗次,場無廣巷,市不通騎,於是有出居王畿,挂戶縣籍。

想來其他特大號城郡如南宋之臨安與蘇州,也會有此現象。

北宋汴京有十二市環城,「都門之外,居民頗多」[35]。成都是「負郭而漸家者溢千數」[36]。明州則「四郭皆有市⋯⋯草市朝之合」[37]。甚至較小之宿州城也是「諸處似此城小人多,散在城外,謂之草市者甚眾」[38]。這種趨勢後來就發展成城廂制度。城區之外人煙稠密處設廂,與城區的行政管理體系相結合;但城廂不受城牆之限制,有足夠的發展餘地。宋真宗時在汴京城郊置八廂[39]:

> 置京新城外八廂。上以都門之外,居民頗多,歸例惟赤縣尉主其事,至是特置廂吏,命京府統之。

南宋紹興十一年(1141),臨安知府俞俟奏請[40]:

㉞楊侃,〈皇畿賦〉,載呂祖謙,《宋文鑒》,卷二。

㉟《宋會要》,兵,卷三。

㊱傅增湘,《宋代蜀文輯存》,卷十七。

㊲舒亶,《舒嬾堂詩文集》,卷一。

㊳蘇軾,《奏議集》,卷十二。

㊴《宋會要》,兵,卷三之一。

㊵《乾道臨安志》,卷二。

> 府城之外，南北相距三十里，人煙繁盛，各比一邑。乞于江
> 漲橋、浙江置城南北左右廂。

江漲橋與浙江原是臨安兩個附郭市鎮。較小之城郡也採此制。如建
康府南門外「有草市謂之城南廂」；福州城郊也因草市眾多而編成
六廂[41]。

　　大城市裡消費者眾多，每項商品的消費量可觀，於是提供了市
場專業化條件。農產品如蔬菜、果物、花卉很早就有專業市場出
現。小農戶齊集專業市場上售賣他們的產品。有了這樣穩固可靠的
銷路，很多近郊農民便逐漸走上專業生產的道路。宋時汴京及臨安
郊區農民大都是種植蔬菜、瓜果、花卉的專業農戶[42]：

> 大抵都城左近，皆是園圃，百里之內並無閒地。

附郭市集很多是專業市鎮。在南宋臨安，連米市都在城外。

四、非傳統型市鎮

　　非傳統型市鎮是宋以後才出現的，到了明清加速發展，在地區
上則是比較集中於江南太湖流域，所以可以稱為新型市鎮或江南型
市鎮，以別於內地各省的傳統型市場。它們最基本的特徵是：進入
市場上的小農戶出售他們副業生產的產品，換取原料及糧食，商品
的流向與傳統市鎮完全相反。從這個基本特徵上又衍生出許多其他
特點，與傳統市鎮大不相同。

㊶傅宗文，〈宋代的草市鎮與擴城建郊〉，《社會科學戰線》，1988年
　　第4期，頁163。

㊷孟元老，《東京夢華錄》，卷六。

新型市鎮之出現，導因於人口過剩。中國歷史上人口過剩現象是明清時期的事，新型市鎮也正是這個時期快速發展的。人口壓力以江南地區爲最大，所以這類市鎮也集中在江南。從宋代開始，農業生產部門的餘糧率逐漸下降，大中型城郡普遍停止發展。每個城郡的糧食供應圈都有不同程度的擴大，其結果是向城市供應糧食的運輸成本普遍提高。即以國家京城而論，對於漕糧的依賴愈來愈重，漕運的代價愈來愈高，國家爲了維持漕運的財政支出負擔也日重。據估計，明清漕糧的平均運距約爲北宋時的三倍，比南宋高出更多。明末徐光啓在其〈漕河議〉中即感嘆說：

> 漕能使國貧；漕能使水費；漕能使河壞。

清人包世臣說的更具體[43]：

> 夫南糧三四百萬石，連檣五千餘艘，戴黃達衛，以行一線運河之間，層層倒閘，節節挽率，合計修堤防，設官吏，造船隻，稟丁舵，每漕一石抵都，常二三倍於東南之市價。

在城郡中，除了糧食供應問題外，還有就業問題。簡言之，城郡中已無力接納更多的人口。於是農村成爲唯一能吸收過剩人口的部門。從宋到淸，城市人口的絕對量大體未變；新增的人口全部留在農村。人口壓力嚴重的地區，人多地少，農戶們均無法單靠農業生產來維持全家之生計。於是以副助農成爲唯一的解決辦法。

這些地區，農戶生產手工業品，並非爲了自用，主要是希望在市場上出售，然後換取糧食。換言之，他們純然是爲了市場而生產副業產品。沒有市場與銷路就談不上以副助農。在各種可能副業中，以棉紡織及絲織業最合適，所以這兩項產業變成了農村的最佳

---

⑬包世臣，《庚辰雜著四》，卷三。

副業生產對象。其結果是紡織業向農村滲透，向農村靠攏，家庭副業化，這是明清時期的突出現象。

在這些地區內，家家戶戶從事紡織副業，其產品當然在本地沒有銷路，每個人都是賣者，沒有人是買者。在這種情況下，自然要依賴遠方市場，甚至國外市場。古今中外，只有江南的農戶敢誇口他們是衣被天下。但是，小農戶究竟沒有能力自己到遠方去推銷產品，必須假手商販。因為數量大，距離遠，只有資本雄厚的富商巨賈才能勝任此項工作。所以新型市鎮是靠遠方市場，涉及長途運販，參與者是大商販及巨額資金，這與傳統市鎮的區間性及小商販，是迥然不同的。而且，買方是少數大商人，賣方是眾多的小農戶，就應運產生了牙行及牙人，這也是傳統市鎮中少有的。

新型市鎮基本上是紡織品的收購站，收購的對象是散居於鄉村的小農戶。這些農戶同樣受到運輸距離的制約。所以新型市鎮的分布形態與傳統市鎮大體相同。這一點，研究者早已都注意到。

當江南地區農村人口繼續增加時，每戶平均分到的耕地愈少，以副助農的必要性更加強，副業產品的產量增加。此時，現有市場的規模，也就是總交易量，隨之擴大；或者作為收購點的市鎮數目增加；或是市場規模與市鎮數目同步增加。總之，不像傳統市鎮那樣發生稀釋現象。

有關這種新型江南市鎮的材料，已被大量發掘出來，這些市鎮的情況比傳統市鎮複雜。在這裡只是扼要的提出它們異同之點，另有論文詳述[44]。

最後要提出兩點附帶的說明。第一，像江西景德鎮及廣東佛山

---

[44]見本書下章。

鎮等處，歸類有點困難。它們是因為當地有特種資源，導出專業生產，景德鎮因磁土而生產磁器，佛山因鐵礦而盛產鐵器。在其他國家中，它們都將被列入工業城市之類。但是在中國有城郡與市鎮之別，以行政管理來劃分，景德鎮與佛山鎮始終未能升格為縣，仍列為市鎮。如果要勉強將它們以上述兩類標準歸類，它們可以列為非傳統市鎮。這裡是出售工業產品，換取他鄉的糧食。

第二，所有的市鎮，不論是傳統型或非傳統型，增長發展到一定規模時，都會變成多功能市鎮。它們銷賣農產品、手工業品、有各種各類的服務行業如邸店、餐館，茶樓、酒家等等。到了這個階段再按功能或行業分類，就會掩蓋了中國市鎮的本質與特色。

五、結論

我們看到，與其他國家比較，中國的城市化過程與眾不同。像江南市鎮這樣，向散布農村的眾多民戶收購手工業產品，運銷遠方，在其他國家的歷史上只能偶然看到幾處，不是普遍現象。更重要的區別是，在其他國家中，城市人口比重愈來愈高，也愈來愈集中，小城市變大，大城市變得更大。但是在中國，宋代以後城市人口出現一種離心現象，集中的程度減弱，大中型城郡停止擴充，而市鎮的數目大量增加，整個的城市人口愈來愈向農村靠攏。我們不免要問，中國的農村人民為什麼不願進城去住？有人可能會聯想到1950及1960年代，美國曾出現過 suburbanization 運動，城市人口有向郊區遷移的趨向。這種反方向的人口流動表示城市之發展受到某種制約。不過美國城市受到的制約與中國明清時期情形不同。有人也可能會聯想到中國歷史上各朝政府對設立縣治與州治的嚴格限

制。然而這種限制也只是名義上的,或者說是行政上的限制。如果市鎮能夠不斷增長擴大,不改爲縣治仍然可以繼續增長擴大,如佛山鎮及漢口鎮。而佛山與漢口只是歷史上的特例。中國城市發展受到制約,而不得不走一條獨特的路,是受到人口壓力及農業生產力的影響。這就是中國異於其他國家的關鍵因素。

第七章　明清的新型市鎮

一、前　言

　　要研究中國歷史上的都市化（Urbanization）過程，應該把城郡（Cities）與市鎮（Market towns）分開來討論，因爲兩者的性質不同，發展的過程也不同，無法一併討論分析。而且，這兩種發展過程與歐洲的都市化過程相比較，也有很大的差異。

　　特別值得注意的是縣治以下的市鎮之興起。它們主要是基於經濟因素而產生，計畫性不強烈。在宋以前，政府對縣治以下的市鎮有若干定制；宋以後的市鎮，若要正式設立，也有一套行政手續，但是人民可以根據經濟需求而自行聚居於一處，如像自然村之形成，只是規模要大許多。

　　中國歷史上的市鎮，大體又可以分爲兩類，即傳統市鎮及非傳統市鎮。兩者在功能、特性、結構方面都有巨大差異。而非傳統性市鎮，不但有別於傳統市鎮，而且是歐洲都市化歷史中從未出現過的現象。它們是中國歷史上特殊條件的產物。

二、內地的傳統市鎮

　　中國傳統市鎮之出現，可以遠溯至先秦。周人以一個少數民

族,擊敗了人口衆多的殷商,占領其土地,進行武裝殖民。其具體辦法就是分封其宗室、功臣、及其他友好氏族首領,散布於整個占領區,是爲周之諸侯。這些被封的諸侯廣泛展開築城運動,行「國」「野」的差別統治辦法。殖民者的族人,即國人,居於城中,其他之人爲鄙野之人,居於城外。每個城中都建有預先設計好、整齊劃一的市場,並集中管理。

另外有一種非正式的建制。爲了滿足城外郊野居民的貿易與交換,設立了許多小型的鄉村市集。《周禮・地官》記載:

> 凡國野之道,十里有廬,廬中有飲食,三十里有宿,宿有路
> 室,路室有委,五十里有市,市有候館,候館有積。

這樣整齊的建置可能是理想化的說法,但據《國語・周語》,「五十里有市」則是事實。這些就是農村中的小型市場。西漢承秦制,建立郡縣,而把這些農村市場稱爲「市邑」,保存下來。王符在《潛夫論・浮侈篇》中說:

> 天下百郡千縣,市邑萬數,類皆如此。

即指此而言。

這種純經濟性的傳統市鎮,西漢以後的兩千年來,發展的不算快,至少與後來發展的非傳統性市鎮之興起相比較要緩慢的多。一來,唐時曾有法令限制縣級以下的商業市集之發展。《唐會要》,景龍元年(707)十一月有勅[①]:

> 諸非州縣之所不得置市。

二來,此種市鎮的基本功能限制了交易量,因而不得快速發展。由於這兩種原因,唐時的鄉村集市都是採取定期集市貿易的方式,既

---

① 《唐會要》,卷八十六。

然不是每日經常開市，則不算正式的市場組織，不違反政府不得置市的禁令，而且交易量不夠大，也無法支持每日開市的商業活動。這種定期集市，唐代稱爲草市或墟市，避免用正式的市名。

宋朝取消了在縣治以下設立市集的禁令，很多唐代未能取得合法地位的草市與墟市，日漸擴張，有些終於變成有較多常住人口的市。也有一些唐及五代駐軍的地點，稱爲鎮者，後來因軍制改變而轉型爲商業市集，於是市與鎮都變成了縣級以下的地方商業中心。有些市鎮擴大到一定程度後，便被升格爲縣治或州治。另外一些市鎮是在大城市的附近郊區，後來就發展成爲這些大城市的衛星市場，進行經常的商業活動。

明清時期，傳統的市集仍然保留它們原有的特色。它們的主要功能是爲農村消費者服務。參加集市貿易的人，主要是附近村莊裡的農戶，拿著一點自己家中的剩餘農產品，去與他人互易有無，同時也從小販手中買回一點農村以外生產的日用品以及婚喪嫁娶的特殊用品。宋人曾有詩描述農村集市[2]：

> 迤邐轉谷口，悠悠見前村。農夫爭道來，聒聒更笑喧。數辰競一虛，邸店如雲屯。或攜布與楮，或驅雞與犰。縱橫箕箒材，瑣細難具論。

到了明清仍然如此，例如陝西同官縣的市集[3]：

> 布粟蔬薪而外，更無長物。

河南嵩縣的市集[4]：

---

②宋人《參寥子詩集》，卷一，〈歸宗道〉。

③乾隆《同官縣志》，卷四。

④乾隆《嵩縣志》，卷十五。

　　　市鎮非列貨若都會，只農器鹽米備民用。

該縣志中列舉了32所市鎮，有的註明是「柴米小市」或「鹽米小市」。

　　參加傳統市集交易之人，除了當地村莊之農民外，就是一些小商販。因為這些市集的交易量很小，無法吸引大商人，所以富商巨賈是絕足不來這些傳統市集的。例如湖南武崗州⑤：

　　　有市鎮數處，列肆多者八九百家，少至數十家。所集之貨多鹽米布帛，取便日用，無甚居奇罔利者。

陝西富平縣的市鎮⑥：

　　　市廛有地，交易有期，皆日用常物，無大賈也。

　　　各鎮市粟米酒脯菜炭而已，資生興利無長策。

都是典型的傳統市鎮之寫照。

　　傳統市集既然是為了滿足農村消費者需要，就必須顧及到農民們的具體條件。這一點決定了傳統市集的典型分布。在選擇地點時，交通之便捷不是主要的考慮因素，而是要均勻規則地分布於廣大鄉間，使四週的農民都能在一日之內來回。這樣農民有必要去市場交易時，可以當日回到家中，這點小量的交易是不值得在外住店過宿的。美國施堅雅教授的研究統計顯示，四川境內的農村集市，60％可以照顧到30－96平方公里範圍內的農戶。農戶距離集市平均約有4公里⑦。日本石原潤則發現河北境內的農村集市密度在明代每100平方公里約有一個市集，市場範圍內的農民平均5,000餘人。由於人口之增加，清代則每100平方公里約有一個半集市，至民國

---

⑤道光《寶慶府志》，末卷。

⑥乾隆《富平縣志》，卷二。

時期每100平方公里增為兩個半市集⑧。清末山東全省共有2,045個市集，平均70平方公里有一市集⑨。雍正年間廣東全省有1,140個農村市集，大體也是均勻分布的⑩。

　　有些傳統的農村市集是常設的，每日開市。但是絕大多數因為交易量微小，只能維持每隔數日集市一次的方式，有的是定期集市，有的是不定期。距離很近的相鄰集市通常都把集期彼此錯開，例如清末山東省境內多數村鎮在周圍20公里的範圍內幾乎每天都有一處定期集市。這樣可以使村民有較多的交易機會。不過，更重要的是給商販提供更多的買賣。有些農民是在市鎮上以有易無，亦賣亦買，但大多數是純消費者，前來購買日用品。商販則是賣方，將本圖利。如果市集小而孤立，則商販難以獲得足夠維生的利潤。如果在一個小範圍內有若干集市，彼此集期錯開，小商販便可每日前往一地售貨，川流不息，因而獲得足夠的利潤。四川鄉間所稱之「轉轉場」或「流流場」的商販就是指這些在農村集市中巡迴販售

---

⑦G. William Skinner, "Marketing and Social Structural in Rural China", *Journal of Asian Studies*, Vol. 24, No.1（1964）and No. 2（1965）.

⑧石原潤，"Periodical Markets of Ming, Ch'ing and Min－Kuo Periods in Hopei Province, China"，《地理學評論》，卷46，第4期，頁245。

⑨宣統《山東通志》各頁，見莊維民，〈論近代山東的市場經濟〉，《齊魯學報》，1987年第6期，頁22－29。

⑩雍正《廣東通志》，卷十八。

的小商人[11]。

應該指出的是，這種傳統農村集市是典型的層級式商業網的一環。農村集市的交易量小，無法吸引大商賈前來，即令是小商販也要靠在不同的幾個市集上巡迴售賣才能餬口。這些農村市集是商業網的最低層，也是最小的單位。這些巡迴商販要到縣城或府城去批購商品，再用板車或肩擔將貨攜至農村市集，列肆售賣。縣治或府城是較高一級的商業網點，有批發商也有較大的零售市場。縣治或府城以上，還有更高一級的網點。這許多層級結合起來，構成了全國的商業系統。

從南宋以來，傳統式的農村集市發展緩慢，遠遠落在非傳統式市鎮的發展速度之後。這主要是因為農民的所得無法提升，農村的購買力無法增加，農村集市的交易量便停滯不前。不但新的市鎮出現不多，舊有的集市也難以由定期集市改為常設的每日集市。例如有人統計過，江蘇的松江府從嘉慶廿二年（1817）到光緒十年（1884）一共新興起43個市鎮，而山西代州從乾隆五十年（1785）至光緒八年（1882）僅增加了市鎮一處[12]。前者是非傳統市鎮，後者是傳統市鎮。

---

⑪方行，〈清代前期農村市場的發展〉，《歷史研究》，1987年第6期，頁81。

⑫丁長清，〈中國近代沿海城市經濟的發展及其原因〉，《南開學報》，1988年第2期，頁37。

三、江南 地區新型市鎮之興起

　　非傳統性的市鎮，是在宋以後才大量興起，在地區上是集中在江南。它們有許多是就著原有的傳統市鎮轉型而成，有的則是後來崛起的嶄新市鎮。不論是以那種方式興起，它們都與傳統的市鎮具有迥然不同的功能，也可以說兩類市鎮顯示完全相反的特色。非傳統市鎮的發展是中國自宋以來城市化過程的主要方式，與歐洲中世紀或近世的都市化過程相比對，也是獨具一格，找不到類似或平行的例證。有人統計江南地區蘇州、松江、常州、杭州、嘉興、湖州六府境內市鎮數目變化如下[13]：

　　宋：71市鎮。

　　明：316市鎮。

　　清：479市鎮。

這些市鎮絕大多數是本文所稱之非傳統市鎮，其發展速度可謂驚人。即令晚至清末民初，它們與傳統市鎮迥異的特色仍然明顯可辨。現簡單分述如下：

　　㈠它們最初興起的功能，不是為農村消費服務，而是為農村生產服務。所謂的農村生產是指農村副業生產而言。更具體的說，這些市鎮興起的原始目的是作為農村副業產品的收購站。從這一點上再慢慢發展出其他功能。

　　從南宋開始，中國的人口增加速度遠超過耕地增加的速度，於

---

[13]樊樹志，〈明清長江三角洲的市鎮網絡〉，《復旦學報》，1987年第2期，頁93。

是人與耕地的比例迅速惡化，每個農戶的平均耕地面積縮小。在這同時期，每單位耕地面積產量曾有相當程度的提升，但不幸仍無法抵消人口壓力，於是形成人口過剩的現象。這種情況在江南地區最普遍，也最嚴重。從事農業耕種的人，辛苦所得的糧食不足供給全家人一年的吃用。例如：

> 田收僅足支民間八月之食[14]。

> 田家收穫，輸官償息外，未卒歲，室廬已空[15]。

這類記載在明清年間江南各地之地方志中俯拾即是。用經濟學的術語來說，這些農民在農業生產方面的邊際生產力已降至零。其導致的後果有二：第一、農業生產已無法餬口，必須另外從事副業生產，以副助農。這些副業生產並不是農民爲了自家使用，而是爲了向市場售賣，然後換取糧食。若副業產品無法售賣，副業生產就喪失了意義。第二、過剩的農村勞動力沒有機會成本，可以與城市手工業工場競爭，於是某些手工業生產向鄉村靠攏，農村變成了這類產品的主要產地，其產品需要有人向外運銷。

手工業工場生產與家庭生產最主要的區別是前者以工資雇用勞工從事生產，而工資有其下限，後者是利用家中成員的勞動力從事生產，全家人共享所得，勞動成本沒有下限。在一個社會尚未達到人口過剩時，這兩種生產方式雖有競爭，但可以共存。此時一般勞動力的邊際生產力，無論是在工場或是在家中，都超過最低生活費用。工場業主與一般人民都有選擇餘地。場主覺得雇用工人有利就會雇用工人，人民覺得到工場做工比家中生產更有利，他們便會出

---

⑭嘉慶《嘉興府志》，卷三四。

⑮正德《松江府志》，卷四。

賣勞動力給工場。但是一旦社會人口過剩，勞動者的邊際生產力下降到最低維生費用以下時，工場只好不雇工人。而這些無法在工場中找到工作的人便只好留在農村家中，與家人共享所得，即令家中的農田已很少，也不得不如此。在這種情況下，農戶只能安排家中的剩餘勞動力去從事副業生產。因為農村剩餘勞動力沒有機會成本，農村副業往往會排擠城郡中的手工業工場。

　　家庭手工業對工場的排擠當然也受到其他條件的限制。有許多行業是家庭單位無法勝任的，只好留給工場去生產。在家庭單位可以勝任的許多手工業部門中，他們要挑選最適合的工作來從事。這些部門中工場便全無立足之地。另外一些家庭單位可以勉強從事的部門，工場雖受到威脅，卻不至於無法生存。對於農村家庭而言，其選擇副業所受的限制又較多些。大體說來，農村副業必須滿足下列條件：第一、不需要太多資金購置生產設備。第二、沒有顯著的規模經濟，大規模生產的單位成本並不比小規模生產低很多。三、不需要很高的生產技術，婦女老幼皆可從事。第四、不需要多人協同操作，家中任何成員皆可利用閑暇單獨操作。第五、生產程序不是連續不斷的，副業的生產工作隨時可以停下來，調集人力去應付主要的生產工作。

　　符合這些條件的手工業生產部門，最理想的是棉紡織工業，其次是簡單的平織絲綢。明清時期，江南地區的農村剩餘勞動力，就是集中發展這兩種副業。棉紡織生產在很短期內就被農村手工業完全占領。簡單的絲綢生產也在不斷地向農村靠攏。吳江縣的盛澤鎮就是典型的例證[16]：

----

[16]乾隆《吳江縣志》，卷三八。

> 綾綢之業，宋元以前惟郡人爲之，至明熙宣間，邑民始漸
> 事機絲，猶往往雇人織挽。成弘以後，土人亦有精其業者，
> 相沿成俗。於是盛澤黃溪四五十里間，居民乃盡逐綾綢之
> 利。

類似的例子很多。

　　既然民生最主要的日用品之生產基地已轉移至江南農村，收購的商業活動自然隨之轉移，江南地區的新型市鎮應運而生，以完成此項功能。

　　㈡非傳統性之市鎮是超層級的。前面已經論及，北方或內地的傳統市鎮主要是爲農民消費服務，每個市鎮的交易量小，是商業管道的最低一層之單位，向上還有較高層級的商業網點，在縣治或府城中，而且，在農村市集中還有許多農民攜帶自己的過剩產品，與其他農民交易，以有易無，是當地小範圍的交換市場，絕少涉及長途運販者。但是明清江南的新型市鎮則迥然不同，農村副業所生產的紡織品不是爲了自給自足，而是爲了向市場銷售，以副助農。但是這一地區的城鄉居民幾乎家家戶戶都普遍從事類似的生產活動，這些紡織品在本區域之居民間是沒有太多的市場與銷路，而必須直接銷往遠方市場或國際市場。因此，江南所產的絲綢、棉花，並不透過各層級來聚散，而是由各市鎮直接通向全國性市場。

　　這種超層級的特性，可以從市場規模大小看出。在層級性的市場結構中，最低一層級的單位規模最大，高層級的單位規模則遞增。但是江南市鎮的情形則不同。例如湖州府轄區內的南潯鎮大於府城。當地諺云：

> 湖州整個城，不及南潯半個鎮。

又如宣統年間浙江海寧城有36,000居民，但是其轄區內之硤石鎮則

有居民75,000人[17]。吳江的縣城遠比境內盛澤鎮小，嘉定縣城也小於羅店鎮及南翔鎮[18]。此類例證不勝枚舉，足證這些市鎮與縣治沒有層級關係，它們的大小是由其本身市場活動範圍及經濟實力所決定。

其次，我們也可以從這些市鎮運送商品的路線看出這些市鎮與縣治或府城缺乏傳統的集散關係。例如嘉興縣屬的新塍鎮、大張圩各市鎮所產之絲綢，不向嘉興府城集中，反而是運往盛澤鎮。嘉興府的最大市鎮——濮院鎮，以濮紬及沈綢最著名，這類產品是一部分直接運往外地，一部分是運往盛澤。

研究江南市鎮的學者，往往舉出蘇州，視爲各市鎮之上的一個商品集散地，從而認爲江南市鎮也具有層級性的結構，其實這是一個錯覺。蘇州主要並不是發揮傳統性的貨物集散功能，而是江南地區所產紡織品的加工站。無論是棉布或絹絲，農戶售出的是白坯布或原色絲，經商人收買後，集中於一處染色和砑光。南潯鎮的名人沈樹本有詩記述[19]：

> 白絲繰就色鮮妍，賣與南潯賈客船，載去姑蘇染朱碧，阿誰織作嫁衣裳。

是生動的描寫。

染色與踹砑兩道工序不能由個別農戶以副業方式進行，而必須由大作坊經營，原因也很簡單。純粹從技術觀點來看，個別農戶可以染布和絲，但從經濟觀點看則不利。小規模一疋兩疋的染色方

⑰民國《海寧州志稿》，卷四一。

⑱劉石吉，《明淸時代江南市鎮研究》（北京，1987），頁28。

⑲咸豐《南潯鎮志》，卷廿二。

式，單位成本很高，而且質量很差，染色不勻。染布業中的經營規模與單位成本有極密切的關係。染池大，染出之色方勻，而且單位成本低。也因如此，染色業的分工很細，多數染坊只專染一種顏色。褚華《木棉譜》說染坊有藍坊、紅坊、漂坊及雜色坊之別，各染諸色布疋。雙林鎮的染坊分黑坊染包頭黑紗，膠坊染五色裱綾，及皀坊染皀色絹[20]。踹布及砑光之工序是在染色以後進行，需要特別裝置，非一般農戶所能購辦。《木棉譜》形容踹布工作如下：

> 下置磨光石版爲承，取五色布捲木軸上，上壓大石如凹字形者，重可千斤，一人足踏其兩端，往來施轉運之，則布質緊薄而有光。

踹布之石又名元寶石，來源有限，成本昂貴，操作者是彪形大漢，非一般農家婦孺所能勝任。因此，這些工序都是布商在大量收購紡織品之後，再大規模加工。顧公燮記載說[21]：

> 前明數百家布號，皆在松江楓涇、朱涇樂業，而染坊踹房商賈悉從之。

從此段文字可以看出，這些加工作坊都是在布商來了以後的進一步發展，故云「悉從之」。

這種需要規模經濟的作坊，設在蘇州應該是最合適。蘇州鄰府松江是當時棉布生產的最大中心，而蘇州境內的盛澤鎮、震澤鎮、黃家溪鎮等又是盛產絲綢的地方，集兩種紡織品於一處，大量加工處理，成本能夠降低很多，加之踹坊所用之元寶石也多是產於蘇州附近[22]。所以，蘇州城內的染坊踹坊之興起就充分反映此種條件之

---

[20]民國《雙林鎮志》，卷十六。

[21]顧公燮，《消夏閑記摘抄》，卷中。

變化。在明代，江南地區農村副業生產之紡織品數量尚有限，蘇州的踹染作坊也是零星散落。到了清初康雍年間，城內染踹業才大爲興盛，它們集中在閶門外沿河兩岸，長達二十里。據記載，康熙年間蘇州全城共有踹匠萬餘人，踹房三百餘戶，雍正年間閶門內外社壇一帶有布號76家，其中18家自設染坊。另外獨立的染坊尚有64處，踹房450家，踹匠10,900人，染工也達萬人以上[22]。在這種情況下，附近各地的絲與棉紡織品，自然會向蘇州集中，加工以後再運往外地市場。

在蘇州以外，各市鎮中也有一些染踹加工作坊。松江各鎮有許多棉布踹染較小的中心。南翔鎮的踹匠人數衆多，並曾聚衆鬧事。楓涇鎮則是[23]：

> 康熙初，里中多布局，局中多雇染匠硏匠，皆江寧人，往來
> 成群。

盛澤鎮有練綢之坊十餘，染坊三十餘[25]。雙林鎮及濮院鎮也有自己的練坊、染坊及踹坊[26]。這些地方就地加工染踹的產品，就不必再運往蘇州，而可以直接銷往遠方市場。

㈢在這些市鎮上收購到的產品以遠方市場爲主。這一點也是與層級性市場的結構不符之處，也因此這些市場是非傳統性的。在江

㉒王家范，〈明清蘇州城市經濟功能硏討〉，《華東師範大學學報》，1986年第5期，頁29。

㉓同上，頁25。

㉔光緒《楓涇小志》，卷十。

㉕乾隆《震澤鎮志》，卷二。

㉖民國《雙林鎮志》，卷十六。

南這一廣大地區，家家戶戶從事紡織，其產品在當地市場當然沒有
銷路。明代地方志已明白提到這點⑫：

> 至於貨布，用之邑者有限，而捆載舟輸，行賈於齊魯之境什
> 六。

可見在明代這些市鎮剛興起之初已顯露了這種特色。「什六」運至
遠方，恐怕還是說少了。

又據明清文獻，江南的紡織品不但遠銷，而且不同產品還有不
同特定地區，作為固定的銷售市場。清初上海人葉夢珠就說過⑳：

> 棉花布吾邑所產已有三等，而松城之飛花尤墩眉織不與
> 焉。上閣尖細者曰標布，出於三林塘者為最精，周浦次之，
> 邑城為下。俱走秦晉京邊諸路。……其較標布稍狹而長者曰
> 中機，走湖廣江西兩廣諸路。……更有最闊短者曰小布，闊
> 不過尺餘，長不過十六尺，單行於江西饒州等處。

另外有記載的：松江梭布銷廣東；金山縣朱涇鎮的布「達兩京者不
少輟」㉙；常熟所產之布則主要運往山東及福建；南翔鎮及魏塘鎮
的刷線布，又名扣布，售至京師㉚。

絲織品的運銷，也有類似的現象。湖州府雙林鎮所產之包頭紗，
暢銷於福建及北方，供防風沙裏面之用㉛。濮院鎮之濮綢，則以廣
東為主要市場。

---

⑫嘉靖《常熟縣志》，卷四。
⑳葉夢珠，《閱世編》，卷七。
㉙嘉慶《朱涇志》，卷一。
㉚乾隆《婁塘志》，卷八，及嘉慶《南翔鎮志》，卷一。
㉛同治《雙林志增纂》，卷八。

　　廣東所織之粵緞則專用湖州的七里絲[⑫]。江南的絲綢還有寬廣的國外市場，雙林的絲綢遠銷日本、呂宋；濮綢則有琉球、蒙古的市場。

　　江南的紡織品因爲有遠方的市場才得以興盛，後來又因爲失去了遠方的市場而衰落。清初北方開始植棉，江南的棉花銷路便受到相當影響，清中葉以後，閩廣開始採用進口的印度棉花，對江南的打擊也不小。再後來，河北等地的農民開始在地窖裡織布，有足夠的濕度來防斷線之弊，因而減少向江南購買棉布的數量，松江的棉布業便顯衰落，這些都證明江南的市鎮不是層級性的地方商業中心，而是從開始便依賴全國性的市場，而且直接發生運銷關係。

　　㈣這些市鎮吸引了外地的大量資金，前來收購是遠來的客商。此點也是與傳統的農村市鎮迥然不同之處。傳統的農村市集是爲了供應附近農戶的消費，他們的購買力有限，整個市集的交易是很小，不足以吸引富商巨賈，運販前來者是些當地的巡迴小販。

　　江南的市鎮與全國市場直接溝通，各地客商不遠千里而來，挾帶了巨額資金，這類的記載很多。《木棉譜》即說[⑬]：

　　　　閩廣人於二三月載霜糖而來，秋則不買布，而止買花衣以
　　　　歸，樓船千百。

鎮洋縣劉河鎮的記載是[⑭]：

　　　　劉河通洋，閩粵齊遼巨賈，高艑峨峨，彙金買布歲至無慮數
　　　　十萬。

㉜同上。

㉝褚華，《木棉譜》。

㉞乾隆《鎮洋縣志》，卷一。

鶴王市的情形㉟：

> 閩廣人販……每秋航海來市，無慮數十萬金。

清初之吳梅村有〈木棉吟〉，描述劉河鎮的棉市：

> 眼見當初萬曆間，陳花富户積如山。福州青襪烏言賈，腰下
> 千金過百灘。

葉夢珠記載松江地區的交易㊱：

> 富商巨賈，操重資而來市者，白銀動以萬計，多或數十萬
> 兩，少亦以萬計。

清人唐甄有文記述南潯市況㊲：

> 吳絲衣天下，聚於雙林，吳越閩番至於海島皆來市焉，五月
> 載銀而至，委積如瓦礫，歲有百十萬之益。

盛澤鎮的客商是㊳：

> 四方大賈輦金至者無虛日。

> 富商大賈輦萬金來買者。

濮院鎮的絲綢交易額也不在其下㊴：

> 終歲貿易不下數十萬金。

雙林鎮則是㊵：

> 客商挾銀來者，動以千萬計。

㉟道光《增修鶴市志略》，卷下。

㊱葉夢珠，《閱世編》，卷七。

㊲咸豐《南潯縣志》，卷廿一。

㊳乾隆《吳江縣志》，卷四。

㊴雍正《浙江通志》，卷一○二。

㊵民國《雙林鎮志》，卷十五。

這樣巨額的交易量，在內地傳統農村集市中是從來未見記載過，但在江南市鎮則是普遍現象，不勝枚舉。

有些關於明清江南市鎮的文獻雖未提到交易量多寡，但皆聲言前來採購者不是當地商人，而是遠來的商販，且是直接前來，而非透過府城及縣治的層級管道。南潯有京廣兩幫客商[41]：

就中分列京廣庄，畢集南粵金陵商。

雙林鎮有[42]：

廣行、閩廣大賈、直省客商，客商遠走湘樊閩廣。

各直省客商雲集貿易。

嘉定南翔鎮[43]：

商賈販鬻，近自杭、歙、清、濟，遠至薊、遼、山、陝。

可見除了廣東的粵商，金陵的京幫，皖南的徽商外，北省商人也參加角逐。北方商人多集中購買松江棉布[44]：

冀北巨商，挾資千億……風餐水宿，達於蘇常，標號監庄，非松不對。

類似的記載尚有：

烏青鎮：「各處大郡商客投行收買」[45]。

㊶咸豐《南潯縣志》，卷廿一。

㊷同治《雙林志增纂》，卷八及民國《雙林鎮志》，卷十五。

㊸萬曆《嘉定縣志》，卷六。

㊹光緒《松江府續志》，卷五。

㊺咸豐《南潯鎮志》，卷二四。

　　濮院鎮：「客商來自閩廣、兩湖，北方各地」[46]。

　　朱家角鎮：「北京標客往來不絕」[47]。

　　羅店鎮：「鎮上商賈湊集，大多徽商，販賣棉布遠銷各地」[48]。

　　新涇鎮：「花才入筐，即為遠販所販」[49]。

客商為數眾多，結成商幫，例如雙林的京庄、廣庄。他們在市鎮上還建了自己的會館，如雙林的涇縣會館及金陵會館[50]。這些都是傳統農村集市所從未有過的現象。

　　㈤江南市鎮上的主要交易方式與內地傳統農村市集上的交易方式不同。在傳統農村市集上，買賣雙方都是「散戶」，彼此面對面直接交易。有些農民把自己的產品挑運到市集上，零星地直接賣給用戶。小販們也是個別設肆，把日用品賣給農村消費者。但是在江南的新型市鎮上，最主要的交易項目是收購農村副業生產的紡織品。收購者是挾帶巨額資金的客商，而賣者是副業生產的小農戶。收購者是來自遠方，每年前來收購的時間也不太長，他們的慣例做法是「投行收購」，即委託當地的牙行，派出大量的牙人，向四鄉農民收購，或是由個別農戶帶著產品到市鎮上來，賣給牙行或牙人。

㊻雍正《浙江通志》，卷一〇二。

㊼崇禎《松江府志》，卷三。

㊽乾隆《嘉定縣志》，卷一。

㊾同上。

㊿陳學文，〈明清時期雙林鎮的社會經濟結構探索〉，《浙江學刊》，

　　1986年第5期，頁61。

賣貨之人主要是鄉農，這一點各方志多已明白指出。例如：

南潯鎮：「鄉農賣絲爭赴市」[51]。

菱湖鎮：「前後左右三十里之農戶，搖船至鎮賣絲」[52]。

雙林之包頭絹是「本鎮及近村鄉人爲之」[53]。

松江：「里媼晨抱紗入布，易木棉以歸」[54]。

《湧幢小品》也說「小民以紡織所成，或紗或布，侵晨入市，易棉花以歸」[55]。

詩人也有詩句描述。董恂的〈賣絲〉詩[56]：

> 區區潯地雖偏小，客船大賈來行商，鄉人賣絲別粗細，廣庄不合還京庄。

溫豐的〈南潯絲市行〉詩說[57]：

> 蠶事乍畢絲事起，鄉農賣絲爭赴市。

這些市鎮的主要賣方是這些「以副助農」的鄉農。後來逐漸演變，有了專業化的鄉村居民及市鎮上的織戶，但是他們的性質類似，主要是家庭手工業，小額散戶。

遠來的客商旣無時間也無能力直接與爲數眾多的鄉民打交道，雙方都要通過當地的中介商人，稱爲牙行、布庄或布局。這個中介

---

[51]咸豐《南潯鎮志》，卷二四。

[52]同治《湖州府志》，卷二二。

[53]同治《雙林志增纂》，卷八。

[54]光緒《松江府續志》，卷五。

[55]雍正《浙江通志》，卷一○二引朱國楨，《湧幢小品》。

[56]咸豐《南潯鎮志》，卷二二。

[57]同上。

環節是不可或缺的。故曰[⑱]：

> 市中貿易，必經牙行。非是，市不得鬻，人不得售。

最熟悉松江地區棉布交易的葉夢珠在《閱世編》卷七說：

> 各省布商，先發銀於庄，徐收其布。

於是牙行要逢迎大主顧客商：

> 富商巨賈，操重貲而來……以故牙行奉布商如王侯，而爭布商如對壘。

有的牙行在鎮上設市收買鄉民的布，稱為「坐庄收布」。《木棉譜》著者褚華的祖上就是這樣起家的。褚華自記云：

> 明季從六世祖贈長史公精於陶猗之術。秦晉布商皆至於家，門下客常數十人，為之設肆收買，俟其將戒行李時，始估銀與布捆載而去，其利甚厚，以至富甲一邑，至國初猶然。

也有的牙行是派牙人赴四鄉收貨，稱「出庄」，派出的牙人又稱「綢領頭」或「布領頭」。無論是收買棉花、棉布或絲綢，都少不了這些牙人。盛澤市是[⑲]：

> 市上兩岸綢絲牙行，約有千百餘家。

又如嘉定縣各鎮[⑳]：

> 每歲棉花入市，牙行多聚少年以為羽翼，攜燈攔接，鄉民莫之所適。

牙行往往有當地惡勢力在背後支持，而所雇之牙人為數眾多，故常

㊹嘉慶《安亭志》，卷二。

㊺馮夢龍，《醒世恆言》，卷十八。

㊻萬曆《嘉定縣志》，卷二。

常欺壓剝削農民，把持行市，稱爲行霸。

　　㈥江南新型市鎮因性質特殊，其地理分布也有獨特之點。這些市鎮主要功能是作爲收購點，而生產者是零星分散於面，所以市鎮必須設在人口密度高而從事紡織副業的農戶十分普遍之地區，這樣才能以最低的收購費用得到足夠的貨物。如果貨源過於稀落，收購的數量有限，就不值得客商跑來。另一方面，無論是牙人向四鄉收購或是鄉民帶貨前來牙行，都必須距離不太遠，半日之內即可來回。有人大量列舉江南相鄰市鎮的間距，發現有顯著的共同點[61]：

南翔鎮至馬陸鎮	12里
南翔鎮至紀王廟鎮	12里
南翔鎮至黃渡鎮	12里
南翔鎮至廣福鎮	18里
南翔鎮至大場鎮	24里
南翔鎮至方泰鎮	24里
南翔鎮至外岡鎮	26里
外岡鎮至方泰鎮	12里
外岡鎮至馬陸鎮	18里
外岡鎮至魏塘鎮	20里
眞如鎮至彭越鎮	12里
眞如鎮至大場鎮	12里
眞如鎮至柵橋鎮	12里
七寶鎮至莘莊鎮	9里

---

[61]陳學文，前引文；樊樹志，前引文；及樊樹志，〈蘇松棉布業市鎮的盛衰〉，《中國經濟史研究》，1987年第2期，頁93－100。

七寶鎮至諸翟鎮	14里
七寶鎮至泗涇鎮	18里
七寶鎮至盤龍鎮	18里
周莊鎮至莘塔鎮	12里
周莊鎮至庉村鎮	18里
周莊鎮至陳墓鎮	18里
周莊鎮至蘆墟鎮	20里
周莊鎮至同里鎮	27里
璜涇鎮至時思鎮	9里
璜涇鎮至甘草鎮	9里
璜涇鎮至何市	19里
璜涇鎮至沙頭鎮	19里
璜涇鎮至陸公市	19里
陳家行至南翔鎮	12里
羅店鎮至月浦鎮	18里
羅店鎮至劉行鎮	12里
羅店鎮至楊行鎮	24里
北庫鎮至周莊鎮	18里
七寶鎮至龍華鎮	34里
黎里鎮至周莊鎮	36里
六直鎮至周莊鎮	36里
盛澤鎮至王江鎮	6里
南潯鎮至震澤鎮	9里
黃渡鎮至安亭鎮	12里
黃渡鎮至馬陸鎮	18里

烏青鎮至皁林鎮	18里
烏青鎮至璉市鎮	18里
濮院鎮至王店鎮	20里
王店鎮至硖石鎮	20里
雙林鎮至璉市鎮	20里
雙林鎮至菱湖鎮	36里
雙林鎮至南潯鎮	36里
烏青鎮至南潯鎮	36里

最小的間距是6華里，最大的間距也不超過40華里；絕大多數的間距是在10－20華里之間。換言之，在5－10里的半徑之內就會有一個市鎮，作為收貨點，來回所需的走路時間是1－2小時。

　　長江三角洲原有很密集的水道網絡，有些是天然河流，有些是人工水道。這些水道或是與長江及大運河相通，或是注入太湖，最終都能以水運方式與許多遠方市場相銜接。這也是江南市鎮得天獨厚的地方。比較重要的幾個市鎮都是沿著水道而設，市內有河港。布店等都是開設於河道兩岸，譬如雙林鎮有雙溪流貫鎮中，南潯鎮有運河貫穿市區，南翔鎮有四條水道，鎮之中心區即為一十字港，羅店鎮內也是河道交錯，朱涇鎮位於黃浦與泖水交會之處，七寶鎮有橫瀝河貫穿，而且臨靠浦匯塘。只有在這種條件下，這些市鎮才能將大量的紡織品以低廉的運費從水路運出，無需透過層級式的集散管道，便可直達遠方市場。

　　與市鎮的地理布局有密切關係是開市交易的時間。這些市鎮興起的基礎是農村居民以副助農的生產工作及其產品。絕大多數的鄉民生活貧困，也唯因如此才需要以副助農，全家老小都參加生產，以期補助農業收入之不足。他們不敢浪費時間，辛苦勞動，而且家

中沒有足夠的流動資金以供週轉。他們必須用最短的時間,把當天的生產成品拿到最近的市場上去賣掉,立即換回所需之糧食或紡織原料,趕回家中馬上繼續生產工作。

　　江南的市鎮完全能配合這些鄉民的需要。在地理分布上,距離農家不出10里就有一個市鎮,來回二小時左右。在時間上最好是清晨開市,農民賣完東西後趕回家中,還會有一整天的時間可以從事生產工作。江南市鎮的交易活動主要是曉市,而且往往是在天亮前拂曉時間挑燈進行,天亮以後農民就可趕回家中。文獻中有關這類曉市的記載很多。前面已經引過的:

> 小民以紡織所成,或紗或布,侵晨入市,易棉花以歸,仍治而紡織之,明早復持以易。

> 里媼晨抱紗入市,易木棉以歸。

這些都是毫無週轉金,「日賣紗數兩以給食,」或是「得斤許即可餬口」的貧戶。即令是經濟條件較好的人家,爲了爭取工作時間,也是喜歡早市。地方志中常說[62]:

> 賣紗賣布者必以黎明。

> 以黎明或清晨爲市。

至於提到破曉前的交易市場,則有下列各文獻[63]:

> 市中交易未曉而集。每歲棉花入市,牙行多聚少年以爲羽翼,攜燈攔接,鄉民莫之所適。

> 吊橋燈火五更風,牙儈肩摩大道中。

> 五更篝燈,收布千匹……所謂雞鳴布也。

---

⑫萬曆《嘉定縣志》,卷二,及乾隆《續外岡志》,卷一。

⑬分別見於前註;吳梅村,〈木棉吟〉;及許仲元,《三異筆談》,卷二。

從以上各點特徵可以清楚看出，江南新型市鎮之興起，其布局及交易時間之安排，全然是為了配合鄉民副業生產之特殊條件，滿足鄉民們以副助農的需要。

四、江南市鎮之發展

江南市鎮是以農村副業為原動力而興起，但很快就帶動了進一步的發展。大體而言，有下列幾個方向：第一、以副助農，賣出是為了買進，有輸出必有輸入。第二、一般都市的服務業也與之俱來。第三、紡織生產逐漸分化成專業行業。第四、紡織生產帶動了上下游的行業，為這些市鎮提供了新的就業機會。

都市化的過程是一連串的連鎖活動。不論最初發起的動力是什麼，都會導致隨之而來的連鎖活動。江南的新型市鎮也經歷了這整個過程。

江南市鎮興起的原始動力是農村人口過剩，農業勞動力的邊際生產力降至最低維生費用以下，農戶無法靠農業生產維持全年的生活，不得不以副業生產來輔助農業生產，而選擇的副業是幾項紡織品生產。這種以副助農的構想能否實現，就要看生產的紡織品有無銷路。如果生產的紡織品全用於自我消費，當然無法換回所缺的米糧。所以，以副助農勢必要透過流通過程。而且所生產的紡織品也不能大量賣給地方市場，因為當地人普遍缺糧，無法拿糧食來交換紡織品。所以這種流通過程注定了是遠距離的交流過程。但是普通小民沒有能力自行向遠方運銷自己的紡織品，而要靠長途運販的客商來促成。如果這些農民的副業生產成功地吸引來了客商，他們以副養農的構思便得以實現，否則便構想落空。

　　江南農民吸引到客商收購他們的紡織品，順利地推銷出去，下一步自然是以所得之售款來購買糧食，方能完成以副助農的整個交換過程。於是與收購紡織的商業活動同步興起的便是江南市鎮上的米糧市場。既然明清時江南已是缺糧區，米糧自然也要從區外運來，而且米糧交易的總值應該與紡織品的交易總值相差不太多。各地方都有關於米市的記載，例如南翔鎮，附近地區「地不產米」，「仰食外郡」，鎮上有龐大的米市，每日有眾多的腳夫從舟中卸運米糧[64]：

> 肩挑背負任彼定價，橫索惟恐弗得其歡心，以致貨物雍塞河干市口，遂釀成彼等驕橫之習，日盛一日，而米客受其攏絡，米店受其凌虐，米牙受其挾制。

南潯鎮上米市也是僅次於絲市的最大行業，米市在鎮之西柵、下壩，東至豐年橋，西至垂虹橋一帶，俗名米柵下，亦名米廊下。每年八月以後，糧船排泊鎮中運河兩岸待售[65]。雙林鎮情形雷同，輸入品以米糧為大宗，鎮之四柵兩側米店林立，河干則排列運米之糧船。據估計，雙林鎮附近地區一年口糧約有百分之三十靠外地輸入[66]。

　　除了米糧之外，市鎮上的店鋪也供應附近鄉民日用品，諸如柴、油、鹽、酒、藥材、肥皂等。此項功能與傳統的農村市集無

---

[64]嘉慶《南翔鎮志》，卷二。

[65]陳學文，〈明清時期南潯鎮的社會經濟結構〉，《浙江學刊》，1988年第1期，頁38。

[66]陳學文，〈明清時期雙林鎮的社會經濟結構探索〉，《浙江學刊》，1986年第5期，頁63。

異，只是規模大小不同。

　　一旦發展成人數眾多的商業市鎮，則一切都市應有的各種服務行業必然隨之而生，例如供人飲食娛樂的酒館茶樓，供人住宿的邸店，以及其他服務行業。

　　江南的農村紡織副業與長途販運的客商，有相輔相成的密切關係。客商靠販運紡織品而獲利，農戶則因其副業產品之市場擴大而得到較高的售價。在售價提高、銷路有了保證以後，許多農戶就逐漸專業化。不過，專業化也有許多不同的方向；有些地區的農民完全放棄了糧食的種植，而專門種植紡織品的原料——桑與棉。例如松江各市鎮附近之農民變成專業棉農，湖州各市鎮附近的農民專門植桑養蠶。下一步的專業分工則是有些鄉民專門繅絲出售，有些鄉民則專門紡紗，另有一些則專門織布。他們都是到市場上去購買原料，然後出售其製品或半製品；有的則是透過包買商，以織成的布換紗，或是以紗換棉。一旦專業化以後，生產者就不必再居於農村，他們可以遷至市鎮或城郡裡從事同樣的生產活動。如果可以餬口養家的話，甚至城郡或市鎮上的居民都可以仿傚鄉民，從事專業化的紡織工作。於是在盛產棉花的太倉州[67]：

　　城市男子多軋花生業。

松江府有[68]：

　　城市女紅，悉力紡紗，售之鄉民。

上海有[69]：

　　[67]康熙《太倉州志》，卷五。

　　[68]《上海碑刻資料選集》，頁89。

　　[69]褚華，《木棉譜》。

　　　　有止賣紗者，日以繼夜，得斤許即可糊口。
城鎮中的專業織戶稱爲「機戶」，文獻中不乏記載。

　　更進一步的專業化是經紗與緯紗的分工生產。經紗要耐較大的
張力，質量要求比緯紗高，而且經紗上機以前要經過排經及刷漿的
工序，上機時經紗要一次上機，而緯紗則可以隨織隨取。於是經紗
之生產逐漸趨於專業化。褚華的《木棉譜》說：

　　　　棉紗成絲……捲之成餅，列市賣之，名布經團。
嘉定縣出現有專賣經紗的「經市」[⑩]：

　　　　布經以極細棉紗八百縷，排成團，結成餅，每團長約二十

　　　　丈。東北鄉作者尤多，以售南鄉以織刷線布。

　　應該指出的是，儘管紡織工作已有專業化的跡象，生產單位仍
以家庭爲主，勞動力的主要成份仍然是家庭成員。既然已經專業
化，紡織就變成了家庭主業，不僅婦女，男子也加入此項工作。又
因爲既已放棄農業生產，這些人家可以遷至市鎮，以充分利用當地
的紡織品市場。於是文獻記載說：

　　　　鎮市男子亦曉女紅。[⑪]

　　　　家戶習爲恆業……男婦或通宵不寐。[⑫]

　　　　不分男女，捨織布紡花，別無他務。[⑬]

　　　　男婦紡織爲生者，十居五六。[⑭]

---

⑩光緒《嘉定縣志》，卷八。

⑪嘉靖《上海縣志》，卷一。

⑫乾隆《浙江通志》，卷一〇二。

⑬黃印，《錫金識小錄》，卷一。

⑭《林則徐集》，〈奏稿〉。

　　長江下游一帶的大城郡中，從宋時就出現許多專門織造較高級
綢緞的機戶，他們除了家庭成員以外還雇用許多專業的工人。例如
蘇州與金陵，在明朝就各有專業織工數萬名之多，供機戶召雇。等
到江南的新型市鎮興起後，不久也有機戶出現。《吳江縣志》說盛
澤鎮的演變就是如此：

> 綾紬之業，宋元以前惟郡人爲之。至明熙宣間，邑民始漸事
> 機絲，猶往往雇郡人織挽。成弘以後，土人亦有精其業者，
> 相沿成俗。於是盛澤黃溪四五十里間，居民乃盡逐綾綢之
> 利。有力者雇人織挽，貧者皆自織，而令其童稚挽花。

清中葉時盛澤鎮已從四鄉吸引來大批「傭織少年及拽花兒」，僅
「拽花兒」一類就達數千人之多[75]。以產濮綢著名的濮院鎮，也有
衆多的富裕機戶在家庭成員以外雇用機工織綢[76]：

> 太平庵，本福善寺，西出正道，蓋鎮織工拽工每晨集此以待
> 雇。

此項勞動市場已有成規：織工立於左，拽工立於右。

　　另外一項重要的發展，是紡織生產帶動了上下游的行業。除了
前面提到的牙人與腳夫外，最主要的下游行業是絲綢布疋的漂染踹
砑。盛澤鎮曾有[77]：

> 練綢之坊十餘，染坊三十餘，踹軸等坊亦如之，業此者約近
> 千人。

濮院鎮和南潯鎮的練坊林立，將生絲練熟[78]：

㊄乾隆《盛湖志》，卷下。

㊅《濮川瑣志》，卷一。

㊇民國《盛湖雜錄》。

每坊備者數十人，名曰練手。

雙林鎮有皂坊、膠坊等加工行業，其皂坊[79]：

盛時常數百人，其人大率爲安徽涇縣產。

嘉定縣的南翔鎮也有許多踹坊及染坊，雇用了大量的踹染工匠，他們甚至曾聚衆鬧事。

棉紡織手工業的另一項下游行業是製襪，向四方運銷。范濂《雲間据目抄》卷二曾有二條松江地區製襪業的記載：

郡治西郊，廣開暑襪店百餘家，合郡男婦皆以作襪爲主，從店中給籌取值，亦便民新務。

郊西尤墩布輕細潔白，市肆取以造襪，諸商收罶稱於四方，號尤墩暑襪。婦女不能織者，多受市值，爲之縫紉焉。

可見製襪是尤墩布所導致的下游手工業，從事此項工作者是家庭閑置的勞動力，由包買商收買運往四方。

至於上游行業，主要是紡織機具之製造與修理。最有名的例子是靑浦縣黃渡鎮所產之徐家木機，金澤鎮所產之錠子與紡車，遠近著稱[80]。若不是當地紡織業的興盛，形成紡織機具的廣大市場，這些上游行業是無由發展。除了這些名牌貨以外，每個市鎮各有其自己的紡織機具的小生產者及修配服務業。

以上種種發展趨向，都爲江南市鎮增加了就業機會，聚集了愈來愈多的人口，促成了進一步的繁榮，終於達到中國市鎮發展史上

---

⑦道光《南潯鎮志》，卷一。

⑦民國《雙林鎮志》，卷十七。

⑧光緒《靑浦縣志》，卷二。

的空前盛況。

五、結語

　　論者在研究中國歷史上的市鎮，往往將它們分類商業市鎮、手
工業市鎮、交通市鎮等，這種分類顯然是不妥當的，因為當一個市
鎮發展到某程度後，它一定是多功能的，既有商業，又有手工業，
對外也有交通運販。也有學者將市鎮大小按等級分，依照市鎮的規
模、商業管道的層次，列出上下從屬關係。這種層級式的關係，其
實只適用於中國內地的傳統市鎮，每個市鎮都是內向的，以滿足小
範圍內的農村消費者為其主要功能，按其商品流通的範圍來看則是
逐層擴大。但是這種分類完全無法適用於明清時期在江南崛起的新
型市鎮，它們興起的原因與傳統市鎮不同，是特殊環境的特殊產
物。它們直接與遠方市場，甚至國際市場，發生連繫，而沒有明顯
的層級關係。它們一旦發展到相當程度，每一個市鎮本身都變成多
功能的，有商業、有手工業、有繁忙的對外交通；有酒樓、茶館以
及各式各樣的服務行業，儼然是一個小都會。在規模上也沒有任何
限制，只要有潛力便可以擴充到比附近城郡更大的規模。

　　這種新型市鎮不但與中國的傳統市鎮不同，而且在歐洲歷史上
也找不到平行或類似的實例。自中世紀以後，歐洲的都市化歷程始
終呈直線型，小城市變大，大城市變得更大。17世紀末倫敦及巴黎
都不過只有50萬人左右，但到19世紀末，巴黎已有了300多萬人，
倫敦則已超過600萬人口。但是在同一時期，中國的大城已然停
滯，沒有進一步的擴張，而商業與手工業活動卻愈來愈向農村靠
攏。江南的市鎮因而崛起，而且擺脫了任何層級的格式。這就是在

明清時期的特殊環境中的都市化之獨特型態。在英國，只有蘭開夏及曼徹斯特大紡織中心可以自豪說是「衣被天下」。在中國就沒有一個大城郡有資格說這句話，反而是南翔鎮、盛澤鎮、雙林鎮、濮院鎮等敢於誇口是「衣被天下」。

　　當然，本文中將明清的市鎮劃分爲傳統的內地農村市鎮及新型的江南市鎮，也並非十分週延的分類，有些數目不多的其他類型市鎮，都無法歸屬於上列兩類。例如西北邊疆若干茶馬交易的市鎮，它們的性質類似沿海的對外貿易口岸，只是因爲貿易量太小，而無法充分發展而已。

　　另外，廣東的佛山鎮與江西的景德鎮也自有其特色。從經濟角度來看，佛山與景德鎮很接近江南的市鎮，它們都是在特殊的資源背景下興起的。江南市鎮的特殊資源是農村中大量的過剩人力；佛山鎮的特殊資源是附近的鐵礦；景德鎮的特殊資源是當地的瓷土。因此，佛山鎮與景德鎮都是外向型，而且從一開始就擺脫了層級市場的框框，他們直接將其產品──鐵器與瓷器，運銷遠方市場。

　　現以佛山爲例，簡單加以說明。佛山與廣州近在咫尺，但是兩者並無商業上的從屬關係。佛山的繁盛程度，並不亞於廣州。事實上兩者是兩個平行的商業中心，各具不同的主要功能；廣州是以對外貿易爲主，佛山是以國內貿易爲主。佛山與國內各地市場是直接溝通的，從事交易的主要人物是客商，他們的籍貫包括山陝、江浙、徽州、福建、江西、河南、兩湖、廣西[81]。外省商人在佛山建立了許多會館，如像山陝會館、江西會館、楚南會館、楚北會館、

----

⑧蔣祖緣，〈清代佛山商人的構成及其對商業的影響〉，《廣州研究》，1987年第8期，頁54－57。

蓮蜂會館。這些客商也是資金雄厚，每年的交易量很大。佛山也有人數眾多的本地商人，但是他們主要的工作是充當牙人或代理人，為外地客商服務。

　　由此可以看出，將中國歷史上的市鎮一概納入層級式的架構中，是不妥當的。

第八章　明清江南市鎮的絲業與棉業

一、前　言

　　江南市鎮之發展與明清時期的人口迅速膨脹，有密切關係。更具體的說，這些市鎮的興起與該地區的農村副業生產直接或間接相關。明清時期，江南地區已有人口過剩的現象。以當時的生產結構，城郡中無法容納及安排這些過剩的人口；只有農村具有這種彈性，收納並供養日漸增加的過剩人口。所以，這一時期各城郡內的人口大體能保持穩定，或是緩慢的增加了一些，而人口的新增壓力，主要都是落在農村住戶中。農民日漸感受地少人多，農業生產之所得不足以瞻養全家一年的生活，不得不努力從事農業以外的副業生產，以副養農，或是以副助農。於是，某些適於做爲農戶副業的手工業生產，日漸向農村靠攏或集中，與這些手工業生產有關的上下游生產活動，也被帶動起來，在城郡以外的地區興盛繁榮。在各種副業生產中，從事絲業與棉業的人數最多。明清時期，江南地區以外的中國人口也在膨脹，擴大了江南地區絲織品及棉織品的銷路。加以清朝中葉以後對外貿易迅速擴張，生絲與絲織品的出口增加。由於這種種因素，江南地區的市鎮得以繁盛。

　　絲業與棉業是江南農戶選擇副業的兩項主要對象，所以江南的市鎮中絲業中心與棉業中心為數最多。不過，這兩種生產行業的技術要求與生產條件有相當大的差異，所以這兩類市鎮的興起與發展過程，以及市鎮內的經濟結構，都有很明顯的區別。

　　對於農戶而言，最理想的副業生產應滿足下列條件：第一，不需要太多資金購置生產設備，也不需要太多的流動資金來購買原料。第二，沒有顯著的規模經濟，大規模生產的單位成本並不比小規模生產低很多。第三，不需要很高的生產技術和強大的體力，家庭中的婦女老幼均可從事。換言之，邊際生產力大於零的勞動力都可以從事操作。第四，不需要多人協同操作，家中任何成員皆可利用閒暇，單獨操作。第五，生產程序不是連續不斷的，副業的生產工作隨時可以停下來，調集人力去應付主要的生產工作。

　　在諸種農村副業中，以棉紡織業最能滿足上述條件。棉業紡機與織機結構都很簡單，購置成本不太昂貴。棉花價值也極便宜，加以生產週期短，江南的農戶通常一天就可織布一匹，立即可以在市上出售，所積壓的流動資金微少。單錠紡車老幼皆能使用，織平紋布的技術也不複雜，無需專業技工。紡與織各需一名人員操作，可以分別進行，沒有多人協作的必要。這些工作都沒有連續性，操作之人隨時可以停手。因為這種種有利特點，棉紡織業一傳到江南地區，便變成了當地農村居民的最佳副業，十分風行。

　　絲綢業則並非最理想的農村副業。絲織業的原料——絲，價格高昂；織有紋樣的高級綢緞的生產速度很慢，有的每天只能織幾寸長，因此占用的流動資金遠大於棉織業。用普通布機織布所需經紗不過數百根，而織絲綢每次需經絲數千根，甚至上萬根，織工的技術要求很高，不是所有家庭成員均可勝任。絲業生產的步驟很多，

包括繰絲、絡絲、治緯、牽經、結綜、掏泛、捶絲、接頭、提花等等工序，每一道工序都需要相當專業的技巧，成品之質量高下全視操作人員的技術水平而定。因此，絲業的專業化程度較高，工人分車工、紗工、緞工、織工等，而織工又因絲織品式樣而有花素之分。織平紋織物的織機是腰機，織花紋織物的是花機，通常花機需要三人同時協同操作，（一人投梭，一人挽花，一人接頭），至少也要兩人配合。即令是繰絲也要多人合作。《農政全書》等書記載，或是「二人對繰」，或是「五人共作一鍋二釜」，均非單人獨自操作。更重要的是，這些設備價值都很昂貴。據《天工開物》言，一般花機即有部件十餘種，各有特定功能，裝置繁複。這種種條件均非普通農家所能滿足者，因此，很多江南農戶只限於從事植桑、養蠶，或者繰絲出售生絲，能在家中織平紋絲織物者爲數較少，能織花紋織物者更少，而且是明清後期之事。

　　絲織業與棉織業，原本都可以在手工業工場中生產。但是一旦農戶選擇它們做爲副業生產，就不免與手工業工場發生競爭，甚至排擠了手工業工場。後者所遭受壓力之強弱與其殘留生存空間之大小，端視該項農村副業生產之普遍程度、從業員之多寡、產量之大小而定。簡言之，這兩種生產方式之競爭是成本之競爭。手工業工場雇用工人生產，所付之工資最低不得低於工人之維生最低費用。農村副業生產則是利用家庭中剩餘勞動力生產，這些勞動力沒有機會成本。農家有義務供養全家人員之生活，即令有剩餘勞動力存在，也是如此，所以農家要設法安排剩餘勞動力去從事副業生產，能賺一文是一文，總比一文不賺好。在這種狀況下，農家副業就沒有任何勞動成本的下限，只要生產的成品出售後能補償原料費用及折舊費用之外略有剩餘即可。

這種比較，可以用下列圖解加以說明。圖一是手工場的供給曲線。邊際生產成本決定工場之供給量，當產品價格上升時，供給量增加，所以是一個向右上方傾斜的曲線。圖二是農村副業的供給曲線。農戶不雇工人，所以產品供給的價格彈性很小，幾近於零，其產量主要是取決於農家現有之剩餘勞動數量。爲了強調兩種生產方式的差異，我們以一條垂直線來表示農村副業之供給曲線。

如果這兩個生產部門加在一起，連結成一條供給線，則變成了一條折線。當市場上的產品售價很高，手工業工場足夠支付最低工資而略有盈利時，手工業工場與農村副業可以共存，兩者都向市場供貨，其中農村副業的產量是固定的，而手工業工場的產量則仍保持俱格彈性，價愈高，供應量愈多。但是若市場售價很低，則手工場無法支付最低工資，便無法生存，全部生產便由農村副業所占領。農村副業沒有勞動成本之下限，也就沒有價格彈性。兩部門連結成的供給線，便是上半部向右上方傾斜，而下半部呈垂直狀的折線。在這種狀況下，就可能有兩種不同的結果出現，如圖三及圖四所示。

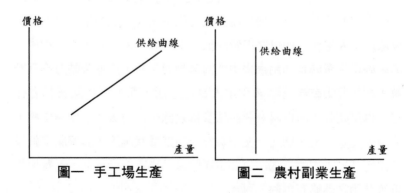

圖一　手工場生產　　　圖二　農村副業生產

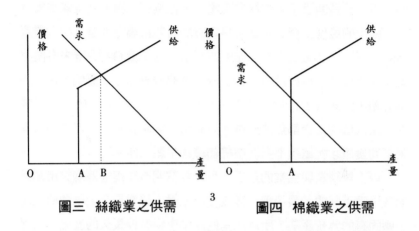

圖三　絲織業之供需　　　　圖四　棉織業之供需

　　圖三大體上說明了明清時期的絲織業生產狀況。絲織業的生產
條件是農村人家難以全部滿足的，所以江南地區的大部分農戶只能
從事絲織業的原料供應，只有一小部分農戶在日漸增強的過剩人口
之壓力下，勉強從事絲織品的織作。即令如此，鄉村織戶泰半是織
作平紋之絹綢，很少農戶有能力織造高級有複雜花紋的錦緞。在這
種狀況下，農村副業所產之絲織品相當有限，遠不足以滿足當時市
場上的需求。於是絲織品的價格仍然居高不下，留給該地區手工絲
織工場廣大的生存空間。如圖三所顯示，手工工場與農村副業是共
存的，這不僅是原料供應與織成品之間的分工，也是手工工場絲織
品與農村副業絲織品分享市場。在圖三中 OA 量代表農村副業之產
量，AB 量則是手工業工場的產量。

　　圖四則大體說明了明清時期棉織業的生產狀況。棉織品的生產
條件簡單，是最佳的農村副業對象，選擇此項副業活動的江南農戶
極多。所以，相對於市場需求而言，農村副業所產之布匹數量甚
多，充斥全國各地市場，逼使布匹的價格在全國範圍內下降到很低

的水平，於是開設手工業棉布工場，不但無利可圖，甚至無法支付工人維生的最低工資。其結果是當時的布匹市場全然是農村副業產品的天下，爲其徹底占領。如圖四所示，其產量 OA 完全來自農村副業。市場需求線與供給線相交於後者的垂直部分，而低於供給線轉折點，此即表示市場的均衡價格已低於手工工場的最低生產成本，連最低的工資都無法支付。只有使用剩餘勞動力，無勞動成本限制的農戶才能繼續不斷從事棉紡織的生產工作。

以上對絲業與棉業的分析，可以解釋明清江南地區絲業市鎮與棉業市鎮不同的發展過程。從時間上來說，絲業是在中國發源，是中國固有的傳統產業，所以江南的絲業市鎮有較長久的歷史，大都可以追溯到宋朝。棉花則是由外邦傳入的纖維品種，遲至元時才傳到江南地區，所以江南地區棉業市鎮之興起，是較晚的事。除此以外，我們還可以觀察到兩者之間的歧異點，大體說來有下列幾項。

第一，早期的絲業有明顯的城鄉分工。後來在日漸增強的人口壓力下，其生產活動，尤其是絲織業，逐漸由城郡向四鄉擴散，主要的發展路線是由城入鄉。但是，當棉花傳入江南地區時，該地區已感受到人口壓力，農村人口正在極力尋找合適的副業對象，以求以副養農，或以副助農，而棉業正是他們的理想對象。所以對江南地區而言，棉業是發源於農村，而且來勢洶洶，一開始就全部占領了市場，沒有留下絲毫餘地讓城郡中發展棉紡織手工場。直到後期，才出現一些輕微的由鄉入城的趨向。

第二，手工業工場生產與農村副業生產，前者有一明顯優點，因爲規模較大，手工業工場可以進行內部分工。這種內部分工，一來可以導致生產工作更進一步的專業化，二來可以培育生產技術之進步，改進各別工序所使用的工具，這是發明生產機械的溫床與源

泉。但是以家庭爲單位的副業生產就難以出現上述各種情形。明清的絲業是手工業工場與農家副業共存，還能不斷追求技術上的進步。這些改進都是源出於手工業工場，然後再傳播至四鄉的農戶。江南的棉業完全由農村副業占領，便少有技術改良的機會與環境，幾百年來，在生產工具及技術方面，可以說是長期停滯。

第三，到了清末，西方及日本的現代化紡織工業之產品侵入中國市場，中國的通商口岸也有新式紡織廠設立，這些變化，對於江南地區的絲業與棉業都構成了巨大的競爭壓力。由於絲業與棉業的經濟結構不同，兩者對於外來壓力的反應不盡相同，自我調整的方式不盡相同，最後衰落的過程也不盡相同。

下面我們將江南地區的絲業中心與棉業中心，分開討論，詳細觀察有關各點。

二、江南的絲業中心

㈠城郡

絲織業雖然是中國人首先發明的，歷史悠久，但是因生產成本昂貴，織造技術複雜，絲織品始終沒有成爲中國民間最普及的衣料。在歷史早期，最普及的織物是麻與葛的製品，晚期則以棉布爲主，歷史文獻中常說的「男耕女織」，也不是指織絲綢而言。

宋以前，中國的絲業中心不在江南，而在華北及四川，無論原料及織成品之生產，皆以上述地區爲主。雖然，傳聞中的西施浣紗，可以上溯到戰國時期，唐時的吳綾也頗有名氣，但江南地區算不上是絲業中心。據地方志記載，晚唐時河南人褚載得機杼之巧於廣陵，傳授於杭州，杭人才漸解絲織[①]。故杭州的機神廟供祀的是

褚載，奉爲當地絲織業開山祖，正相當於松江地區棉業界供奉的黃道婆。

　　北宋時絲業生產地區有河北路、京東路、成都與梓州以及兩浙與江東西路，但後者的產品質量不高，絲織技術不及北方及四川。北宋末，女眞人入侵中原，對華北的農桑大加破壞；中原人民大量流移至江南，華北的絲業一蹶不振，江南地區才取而代之，絲織品的產量及質量都躍居諸路首位。

　　中國歷史上的絲織業，有一個明顯的城鄉分工傳統。由於複雜的花機等設備，購價高昂，技術要求高，農村中主要是植桑、養蠶、繰絲，偶爾織造一點簡單的平紋素絹，較高級的花紋綢緞都是在城郡中生產。在城郡中有政府官營的織造局署，也有民間的專業紡織生產單位。漢朝政府在長安設立東織室及西織室，唐之首都也有織染署，下轄若干作。宋時汴京的綾錦院是規模最大的絲織業單位。此外，成都的蜀錦院也是有名的機構。這些官營織造機構各擁有大量的專業織工。在江南地區，褚載將機杼之巧傳至杭州後，吳越王錢鏐曾網羅了三百餘名織錦工，置局織造綾錦。至明清兩代，江寧、杭州、蘇州，有三處官營的織造局，規模比前朝各署更大。

　　城郡中的大型寺廟也有從事絲綢紡織者，由寺中女尼或僧侶集體操作生產，有時也雇用民間織工。寺廟的產品稱爲「寺綾」，一向負有盛名。

　　更爲普遍的生產單位，則是民間的專業戶。《太平廣記》中就記載唐代定州何明遠家有織機六七百張。元稹的〈織婦詞〉中提到荊州城中的貢綾戶，並且說：

---

　　①正德《姑蘇志》，卷十四。

　　東家頭白雙女兒，爲解挑紋嫁不得。

這些專業織戶爲了技術保密，甚至不許女兒嫁人。到了北宋初已有
「機戶」一名出現，而且不限一地，例如濟州、梓州、成都、靑
州、徽州、溫州、杭州等地，宋時文獻均有機戶之記載。《宋會要
輯稿·食貨》，卷六四記載，宋仁宗時梓州已有機織戶數千家。機
戶又稱機房。洪邁《夷堅志》說南宋中葉杭州已有「機坊」出現，
表示有大量機戶聚集一坊之內。

　　宋南渡後，全國的經濟重心由北方轉移到南方。渡後，江南絲
織業大盛。但是宋元時期的江南絲業也維持城鄉分工之結構，織業
完全集中於蘇州、杭州、江寧三大郡城，而城郊以外之廣大農村只
負責植桑養蠶，供應生絲，宋元豐初在蘇州祥符寺巷建機神廟。大
約同一時代，杭州在城西忠淸里建立通聖廟，以祀杭州機業始祖褚
載。這些都表示兩郡城中絲織業之繁盛與織工人數之多與集中。據
史料記載，明永樂年間重建杭州的通聖廟。至淸初，又在杭城東北
建機神廟；至此杭州已有機神廟數處，可證絲織業之不斷發展與擴
張。據記載[2]：

　　而群工匠多家城東，舊有機神廟，地狹制陋。隸於局者與自
　　爲繪以鬻者，率私錢拓而新之。
　　業機杼者……在艮山門另建一機神廟，此處亦機戶聚集之
　　地。

到了淸朝，杭州城東城西都有大規模的織戶織工聚居區。據嘉慶
《江寧府志》卷十一，江寧有織機三萬張及織工廿萬人。

　　絲織業集中於三大郡城中，與元時的匠籍制及官營織造局有密

―――――――――――

　②厲鶚，《東城雜記》，卷下。

切關係。元滅宋後，在江南挑選十萬餘戶絲織工匠③，編爲匠籍，以法令限制他們的轉業與遷移。明初改爲住坐匠及輪班匠制，同時設立官營的織造機構。這樣的機構當時中央有六個，地方有二十多個；但是最主要的就是蘇州、杭州、江寧三處的織造局。織工們編爲匠籍，隸轄於織造局，輪流分批徵調入局服役；在服役時間以外的自由時間，織工織戶們可以自由對外營業。所以，匠籍與織造局制度一來維持了一個龐大的織工隊伍及官營民營並存的局面；二來官營織造局主要任務是供應宮廷及中央政府消費的高級絲織品，對產品質量及生產技術的要求嚴格，而且經常改進創新，透過籍隸織造局之工匠，新的織作技術得以傳入民間，使得蘇杭民間市場上的絲織品種也不斷創新，於是「民間絲織，奇巧日增」。最後，再由蘇杭將絲織業生產技術逐漸擴散至國內其他地區。例如雍正年間杭州絲織師傅到廣州授徒傳藝，至嘉道年間，廣州地區的絲織業得以繁興。

明朝後期，匠戶輪班制廢除，改爲徵銀。到了清初，匠籍制度整個廢除，工匠們所受的身分及遷移的限制隨之解除，成爲自由勞動者及經營者，民間絲織業因而得以更快速地發展。但是，即令在元及明初的匠籍制度下，民間絲織業的規模已頗可觀，有各種不同的生產組織，諸如織戶、賬房，甚至於手工業工場。

最早的絲織業手工場之記載，見於元末徐一夔的《始豐稿》中〈織工對〉：

> 余僦居錢塘之相安里，有饒於財者，率居工以織，每夜至二鼓，一唱眾和，其聲驩然。蓋織工也。余嘆曰：樂哉。旦過

③《元史》，卷一六七，〈張惠傳〉。

其處，見老屋將壓，杼機四五具，南北向列，工十數人，手
提足蹴，皆蒼然無神色。進而問之曰：余觀若所為，其勞也
亦甚矣，而樂何也？工對曰……吾業雖賤，日傭為錢二百
緡，吾衣食於主人，而以日之所入，養吾父母妻子。故主之
聚易以售，而傭之直亦易以入。頃見有業同吾者，傭於他
家，受值略相似。久之，乃曰：吾藝固過於人，而直與眾工
等，當求倍直者而為之傭，已而他家果倍其值傭之，主者閱
其織果異於人，他工見其藝精，亦頗推之，主者退而自喜
曰：得一工勝十工，倍其直不吝也。

此文所言確係一小手工絲織場，用的是提花機，故「手提足蹴」。
每一織機要用工二人以上，故四五機杼，用工十數人。眾工織同樣
花紋，提綜之順序相同，故一人唱，眾提花工按數提綜並應和，是
指揮協作之法。當時尚有「他家」工場，競傭織工，按生產力付工
資，工人亦得自由競爭，這是典型的自由勞動市場。

　　稍晚的記載是張瀚在16世紀末所著《松窗夢語》卷六之文，所
記亦杭州市內之事。張瀚先祖在明成化末至弘治初，開設手工場之
歷程是：

購機一張，織各色紵帛，備極精工。每一下機，人爭鬻之，
計獲利當五之一，積兩旬復增一機，後增至二十餘。商賈所
貨者常滿戶外，尚不能應，自是家業大饒。

二十餘張機已能使手工場主富饒。再其次是明馮夢龍編撰的《醒世
恆言》卷十八〈施潤澤灘闕遇友〉。內容敘述較晚的吳江縣盛澤鎮
有施復者，在家中大房中設置三四十張綢機的手工絲織場。沈德符
《萬曆野獲編》卷二八說蘇州有潘璧成者：

起機房織手，至名守謙者，始大富，至百萬。

又說有鄭灝者：

> 其家有織帛工、挽絲傭，各數十人。

這些顯然都是雇工生產。

不過，明清各城郡中的手工絲織業工場，另有名稱。有時稱「機戶」、「機房」；有時稱「賬房」。而機戶、機房、賬房的性質也不單純劃一，彼此重疊。小的機戶是以家庭成員勞動力從事絲織業的專業個體戶，但是有時也雇用一兩個牽經接頭以及挽花的工人，幫助操作。較大的機戶，則以雇工為主，家庭成員勞動力為副，設織機多張進行生產，它們性質上是手工業絲織工場，只是規模有大有小。大的機戶，除了工場以外還開設綢緞莊，自產自銷。賬房則是商人出資的字號，完全擺脫了家庭單位，有的發放經緯絲給機戶或機匠，到時收取織成品，完全是包買商的經營性質；有的進一步出租織機及其他工具給機戶或機匠；有的直接經營手工絲織場，雇工多人，在其監督下生產。

蘇州、杭州、江寧三處城內的機戶及機匠，為數甚夥。蘇州在明嘉靖以前已是[④]：

> 綾錦紵絲紗羅綢絹，皆出郡城機房，產兼兩邑，而東城為盛，比屋皆工織作。
>
> 東北半城，大約機戶所居。

東城已是絲業專業區，天啟年間已有機戶數千家，清乾隆時已有萬家[⑤]。至於杭州，情況亦如是[⑥]：

---

④嘉靖《吳邑志》，卷十四；朱國楨，《皇明大事記》，卷四四。

⑤乾隆《重修元和縣志》，卷十六。

⑥厲鶚，《東城雜記》，卷下；及光緒《仙居縣志》，卷四。

群工匠多家東城。

杭東城機杼之聲，比戶相聞。

東北隅數千萬家之男女，俱需此為衣食之謀。

至道光間，杭州機戶據記載已達萬戶，盛況不亞姑蘇。

城郡中機戶與機匠之間的自由雇傭關係，文獻記載甚明。雍正十二年之〈奉各憲永禁機匠叫歇碑記〉中言：

蘇城機戶，類多雇人工織。機戶出資經營，機匠計工受值。

我吳市民罔籍田業，大戶張機為生，小戶趁織為活。每晨起小戶百數人，嗷嗷相聚玄廟口，聽大戶呼織，日取分金為饔飧計。大戶一日之機不織則束手，小戶一日不就人織則腹枵，兩者相資為生久矣。

機戶出資，機工出力 …… 機房罷而織工散者又數千人[7]。

機匠不但是自由勞動者，而且還曾經聯合起來罷工，即所謂「叫歇」。

蘇杭的絲織業工匠已高度專業化，分車工、紗工、緞工、織工等；而織工又有花素之分。他們的市場地點也不同[8]：

花緞織工集於花橋，素緞和紗緞織工聚於白蜆橋或廉化寺橋，錦緞織工立於金獅子橋。

車工立廉溪坊。

待雇時名曰「立橋」，什百成群，粥後始散。機匠與機戶有相當穩

---

⑦《萬曆實錄》，卷三六一。

⑧同註⑤，卷十。

定的主雇關係，故云「匠各有常主」。

仁市鎮及農村

蘇州、杭州、江寧三大城郡成爲中國的絲織業時，江南地區的廣大農村就發展成絲織業的原料供應地，而在城郡與農村之間，形成了若干市鎮，擔任蠶桑與生絲的集散中心。明代匠籍制度逐漸敗廢，織戶與機匠漸能自由遷移，得以向城郡以外之地區流動，農村人口也因日增之人口壓力，逐漸有人企圖以絲織業爲副業，兩種趨勢導致江南絲織業由城郡向鄉村及市鎮轉移擴散。

在江南地區，絲業之興起早於棉業，故絲業市鎮之歷史也早於棉業市鎮。

濮院鎮：宋建炎前爲一草市，淳、景時期設市，元大德時改爲鎮。

南潯鎮：南宋端平初稱爲南林市，淳祐年間改爲鎮。

雙林鎮：宋景德時爲東林鎮號明永樂時合西林改名雙林鎮。

菱湖鎮：南宋時爲市，洪武初立爲鎮。

烏青鎮：五代時已設鎮，但爲軍事性，至宋時才變成商業市鎮。

在幾個著名的絲業市鎮中，盛澤的歷史最短。據《盛湖志》載稱，盛澤在明初尚爲一荒村，人口不過五六十家，至嘉靖間成鎮。但盛澤發展極快，後來居上，至清中葉已有凌駕其他各大絲業市鎮之勢。

這些市鎮最初的主要經濟功能都是絲業的原料供應地與集散點，其地方志都有農民普遍植桑養蠶的記載，例如：

菱湖鎮：「鄉間隙地，無不栽桑」及「尺寸之堤，必樹之

桑」[9]。

唐栖:「遍地宜桑……剪聲梯影,無村不然」[10]

這類例證俯拾皆是。乾隆年間,江蘇震澤至浙江秀水六七十里間「阡陌間強半植桑」;環繞太湖各村莊「鄉人比戶蠶桑為務」。不過,後來發展的結果,有些市鎮逐漸演變成絲織業中心,諸如濮院、雙林、王江涇及盛澤。有些則仍然維持傳統的結構,雖然有少量的絲織業單位,但還是以桑市及絲市等原料供應為主,諸如南潯、烏青、菱湖及震澤。

現先就第一類絲業市鎮,舉例加以說明。

濮院鎮[11]:

明朝隆慶萬曆年間開始改良土機在鎮上織紗綢,由此繁盛,所產之綢稱濮綢。萬曆時鎮上是:

> 肆廛櫛比,華廈鱗次,機杼聲軋軋相聞,日出錦帛千計。

> 委巷之中多少戶,止綢及執藝者……名曰機房窶。

鎮上已有專業之絲織工人勞動市場,有路絲工、織工、挽工、牽經工、刷邊工、扎扣工、接頭工等七種,每日聚太平巷等處待雇:

> 每早各向通衢分立織工立於左,挽工立於右。

絲綢加工業亦隨之而興,鎮上有湅坊多處:

> 每坊傭者數十人,名曰湅手。

---

⑨光緒《菱湖鎮志》,卷十一。

⑩《唐栖志》,卷十八。

⑪《濮院志》,卷十二;《濮川所聞記》,卷一。

鎮上的機戶，有的規模已經很大，產量多而精，聞名於全國，例如陸澄槐及沈周望等人家。史料中雖無這些私家工場的詳細記載，估計其雇工應不下數百人，否則所織之綢無法名揚各地。

到了明末清初，鎮上的絲織業更進一步向鄉間流傳：

> 附近鄉村居民，皆務於織，所出之綢，往濮院出售。

> 自鎮及鄉，北至陡門，東至泰石橋，南至清泰橋，西至永新港，皆務於織。

> 村民多業機杼。

> 吾里機業，十室而九……日出萬綢。

所稱「吾里」是指廣大鄉村而言，曰出萬綢，數量上已超過濮院鎮本鎮「日出錦帛千計」之產量。

雙林鎮[12]：

雙林鎮的絲織業也是隆慶萬曆以後，由鎮上傳播至農村：

> 惟近鎮數村以織絹為業，男子或從事於打線，且必時常出市買絲賣絹，田業半荒。

> 商人積絲不解織，放與農家預定值，盤盤龍鳳騰向梭，九月辛勤織一匹。

> 吾鄉農家育蠶外，工紡織，為衣履，比戶皆然。

> 溪左右延袤數十里，俗皆織絹。

> 隆萬以來，機杼之家，相沿此業。

雙林鎮原是絲業集散中心，供應生絲至蘇杭，甚至遠銷山西潞安。後來農戶進一步以絲織為副業，主要是織製技術簡單的平紋絹，供

---

⑫民國《雙林鎮志》卷十五及十六；張廉，〈重建化成橋碑帖〉。

婦女包頭之用，所以雙林地區以包頭絹出名。偶有織花紋絲綢者，但爲數甚少。包頭絹的銷路好，「近村織絹，鄉人賺錢甚易」，於是有些農戶放棄耕種之「田業」，改以絲織爲主業。有些富農後來竟辦起工場：

> 富室育蠶，有至數百箔，兼工機織。

農戶織絹興起後，包買商便深入農村，「放與農家預定値」，農村機戶領料代織。在此同時，雙林鎮上也發展了自己的絲織業。甚至有外地資本家來此開設工場。例如清嘉道年間，安徽涇縣客商多人，在雙林開設作坊，織造綾絹，專門運銷徽寧。絲綢加工業亦伴隨而至，皀坊、染坊、踹坊，雇工至數百人。

王江涇鎮：

係江南巨鎮之一，情況與濮院、雙林類似。萬曆年間，織綢業集中在鎮上，當時鎮上居民七千多戶，泰半業此[13]。後來絲織業技術逐漸由鎮上向四鄉傳播，絲織業便進入農村。光緒年間的情況是[14]：

> 鄉農也多業紡織，綢市向萃鎮上。

屬於同一發展典型。

盛澤鎮[15]：

絲織業由城入鄉的傳播過程與時序，從盛澤鎮的歷史看得最淸

---

[13]《秀水縣志》，卷一。

[14]光緒《嘉興府志》，卷四。

[15]《盛湖志》，卷三；乾隆《吳江縣志》，卷五；沈云，《盛湖雜錄》，卷下；蘇州檔案館藏《雲錦公所各要總目補記》。

楚。具體記載如下：

> 綾綢之業，宋元以前惟郡人爲之，至明熙宣間，邑民始漸
> 事機絲，猶往往雇郡人織挽。成弘以後，土人亦有精其業
> 者。相沿成俗，于是盛澤、黃溪四五十里間，居民乃盡逐綾
> 綢之利。有力者雇人織挽。貧者皆自織而令其童稚挽花。女
> 工不事紡績，日夕治絲，故兒女自十歲以外皆蠶暮拮據以餬
> 其口。而絲之豐歉，綾綢價之低昂，即小民有歲無歲之分
> 也。

文中所說之邑人即盛澤鎮鎮上居民，土人則指農村人家而言。在農村中絲織業取代了舊有的副業「紡棉」及「績」麻，成爲新的副業。所織者尚不是平紋素絹，而是有花紋的高級絲綢，故使用花機，除織者外，另需一人挽花。

盛澤鎮建鎮歷史較短，但發展較快。在明嘉靖年間，鎮上是：

> 居民百家，以綢綾爲業。

到了隆慶、萬曆年間，鎮上與附近鄉村普遍織綢，前者是專業織戶、後者主要是農村副業。馮夢龍的《醒世恆言》說：

> 絡緯機杼之聲通宵徹夜。那市上西岸綢絲牙行約有千百餘
> 家，附近村坊織成綢匹，俱到此上市。

入清以後，盛況更甚。〈盛湖竹枝詞〉描述道：

> 閭巷短長七十三，市東鄭里又新參，門戶千萬疑無路，機杼
> 聲聲入耳酣。

至乾隆中葉，盛澤已凌駕濮院雙林之上。

從織機之分布與織工人數之變化，也可以明顯看出盛澤地區絲織業由城市逐漸向農村靠攏的過程。盛澤周圍農村本來沒有絲織機具，但是據蘇州現存之清代碑刻記載，在乾隆三十五至四十五之數

年間，附近農村已置有織機八千多台[16]，它們俗稱為「鄉機」，分布於：

> 東至下塘，南界新塍，西到梅坵，北達平望，方圓百餘里。

至於織戶之分布，康熙年間是百分之四十在蘇郡城內，百分之六十在四鄉；清末民初該地區的調查顯示，百分之八十的機工是分散在農村[17]。

盛澤四鄉的絲織品不久也打出了自己品牌，以產地名之，如溪綾、蕩北、南濱等品名。當然，盛澤也擁有規模不小的加工業。

其次讓我們看一看第二類的絲業市鎮，它們仍然維持以原料供應為主的結構型式，不過專業化的程度逐漸加深。現在也舉出幾個大鎮為實例，逐一說明。

南潯鎮[18]：

南潯鎮人口眾多，商業繁榮，明末時已是「烟火萬家」，清道光時增至「烟火數萬家」。但其方志中只記載其絲市之盛況，而無一語道及當地綢絹織製之記錄。南宋以來，該地區已是富蠶桑之利，以產絲著名。其南七里——緝里，為絲產中心，遠近聞名，稱「緝里絲」或「七里絲」，後來南潯附近所產之絲一概稱為緝里絲，客商遠來收絲；鄉農赴市賣絲：

---

⑯宋伯胤，〈盛澤鎮絲綢手工業歷史調查隨筆〉，載《中國歷史博物館館刊》，1983年第5期，頁92。

⑰同上。

⑱《南潯志》，卷三；道光《南潯鎮志》，卷二四。

> 湖絲甲於天下……繰絲莫精於南潯人。

> 鄉農賣絲爭赴市。

> 區區潯地雖偏小，客船大賈半行商，鄉人賣絲別粗細，廣庄不合還京庄。行家得絲轉售客，蠶家得錢不入囊。

> 每當新絲告成，商賈輻輳，而蘇杭兩織造皆於此收焉……小滿後新絲市最盛，列肆喧闐，衢路壅塞。

南潯「四鄉無不栽桑」，是桑業仍不夠供應當地之養蠶人家，不得不向石門、桐鄉等地買葉。鎮上的手工業主要是繰絲業，專業的繰絲作坊稱車戶，平均每戶有繰車四部[19]。附近所產之繭，有送至鎮上加工者。不過，仍以養蠶農戶自繰為多，然後在鎮上出售生絲。南潯鎮上的絲行分京莊、廣莊、經莊、劃莊、鄉莊等類；生絲遠銷國內各處，並有大量出口至國外。

菱湖鎮[20]：

菱湖鎮在明天啓時已是重要的絲市，「四方鬻絲者多」，產絲量為浙省各鎮之首。由於市場規模大，雖是原料供應，也分為許多層次，各層專業化。於是此一地區有桑苗市、桑葉市、蠶種市、蠶市、繭市。各農戶可集中於一種工序，做為副業，以所產之物至市上出售。鎮上有手工繰絲工場，農戶從事此項工序者更多。但是大家都只繰不織，因為從繰絲到織綢的全套設備太貴。

菱湖鎮上極少絲織業，但是繰絲手工場及農戶卻有一項副產品，即絲綿及絮。繰絲者收繭繰成生絲，遇有不能繰絲之繭則製絲

---

⑲中國經濟統計研究所，《吳興農村經濟》，頁12。

⑳明天啓《吳興縣志》，卷二九；光緒《菱湖鎮志》，卷十一及十二。

綿，不能製綿之繭則製絮。絮可供填充衣衾之用。絲綿則仿棉紡工藝，捻績成線，然後織成綿綢，次於生絲所織之絲織品，但售價很低，有廣大市場銷路。菱湖的綿綢遠近聞名。

烏青鎮[21]：

盛澤、雙林、震澤諸鎮均有機戶「零買經緯自織」，烏青鎮則無機戶，《烏青文獻》中明言[22]：

> 本鎮四鄉產絲不小，緣無機戶，故價每減於各鎮也。

但是烏青鎮的規模並不少，乾隆時已是：

> 十里以內，居民相接，烟火萬家。

鎮上有八坊六十八巷。

鎮上桑市甚盛，買賣桑秧及桑葉；也有蠶行及繭行，原料生產各工序之專業化與菱湖地區相似。附近生產之蠶絲，稱為「遠絲」，在烏青鎮上集散，由絲莊運銷外地。本地區的繅絲農戶及手工繅絲工場也附帶生產絲綿：

> 有環綿、手綿兩種。環綿設缸屬男工，手綿帶火剝繭屬女工。

手線是鄉間農戶婦女的副業產品；環綿則由鎮上手工作坊生產，故用男工：

> 清光緒間，有沈永昌、孫永順，均設綿缸，經營環綿，推銷於寧波等地。

絲綿捻成線可織綿綢，也算是絲織品。綿綢：

㉑乾隆《烏青鎮志》，卷二及卷七；民國《烏青鎮志》，卷二一。
㉒康熙張國禎纂，《烏青文獻》，卷三。

> 有斜紋、木犀之名，向稱孫氏織造爲工。

應該指出的是，烏青鎮附近農村也有不少從事棉紡織副業的農戶。據崇禎《烏程縣志》說，明代：

> 烏鎮婦女皆織布。

鎮上有布號或布莊，專門收布。因此，該地所產之綿綢也有棉與絲混紡者，但仍以純絲綿捻線織成者爲上。

三、江南的棉業中心

棉紡織的工具及工藝，是在元元貞間由黃道婆傳入松江地區。從一開始，棉紡織就取代了原有的績麻工作，成爲農村主要副業生產。由於其傳播普遍，農村產量充沛，使得城郡中沒有機會發展手工業棉紡織工場，直到清末，幾百年來棉紡織生產全部是農村副業的天下（加工業如踹染不算）。當代的文獻已經指出[23]：

> 平川多種木棉花，織布人家罷績麻[24]。

> 鄉村紡織，尤尚精敏，農暇之時，所出布匹，日以萬計，以
> 織助耕。

是典型說明。

雖然是副業，初期農戶還是採一貫作業的方式，從植棉、彈花、紡線、織布，直到入市出售布匹，都是家人自己操作。

> 匹婦晨起，經理吉具之事，由花而集，由枲而紗，由紗而始
> 爲布，中間揀料彈軋，以至紡織，每匹二丈，七日而始得告

---

[23]萬曆《上海縣志》，卷一。

[24]嘉慶《松江府志》，卷五。

成焉㉕。

即是全部工序。後來，市場規模擴大，農村副業才發生內部分工。有些農戶只種棉，將棉花攜至市上出售；有人種棉紡紗，卻不織布，在市上出售所紡之紗；有些農戶從市上購紗，在家中織布，然後出售。於是江南地區出現了眾多的棉業市鎮，它們的功能都是產品集散，有的以花市為主，有的以紗市為主，有的以收布為主，附帶布匹加工染踹。

以花市為主的有新涇鎮、鶴王市、七寶鎮等。這些市鎮所收之花，一小部分供應附近用花的農戶，大部分運銷閩廣。後清中葉閩廣地區改由海道輸入印度棉花，這些市鎮就開始衰落：

新涇市：「每歲棉花入市，牙行多聚少年以為羽翼，攜燈攔接，鄉民莫之所適」。清季棉市衰落後，村民改種黃草㉖。

鶴王市：「木棉以楊林塘岸上沙植得宜，故閩廣人販歸其鄉者，市題必曰太倉鶴王市棉花。每秋航海來賈於市，無慮數十萬金，為邑首產」。清中葉後，「遠商不至」，市況便蕭條了㉗。

璜涇鎮：「多種木棉」；「凡近市三十餘區之民，有而求售」㉘。

安鎮：「市店多花莊米鋪……雖二三十里外，小舟捆載而來，易木棉私米去」㉙。

㉕《上海碑刻資料選輯》，頁89。

㉖萬曆《嘉定縣志》，卷二；民國《嘉定縣續志》，卷一。

㉗乾隆《鎮洋縣志》，卷二；民國《鎮洋縣志》，卷二。

㉘道光《璜涇志移》，卷七。

此外也有花市與紗市並存：

> 里嫗晨抱紗入市，易木棉以歸，明旦復抱紗以出[29]。

專以紗市出名的則有魏塘，所謂「買不盡松江布，收不盡魏塘紗」
也。

以布市爲主的市鎮較多，繁盛的時期也較久。這類市鎮上多布
號布莊，收買鄉民所織之布。附帶開設各項布匹加工手工業作坊。

> 朱涇鎮：「前明數百家布號，皆在松江楓涇朱涇樂業，而染
> 坊踹坊商賈悉從之」[31]。

> 楓涇鎮：「布號林立，數以百計」；「里中多布局，局中多
> 雇染匠砑匠，多江寧人」[32]。

> 南翔鎮：所產之布以扣布及刷線布最有名，均產自四鄉。
> 「布商各字號俱在鎮，鑒擇尤精」[33]。

> 羅店鎮：全盛期人口超過五萬。鎮中有布行及牙行，爲客商
> 收布。「徽商輳集，貿易之盛幾埒南翔」[34]。所產之布有套
> 布、紫花布、斜紋布、棋花布等。

> 朱家角鎮：「京省標客往來不絕」[35]。標客即外地前來收買
> 運販標市之客商。

---

[29] 乾隆《金匱縣志》，卷十一。

[30] 正德《華亭縣志》，卷三。

[31] 嘉慶《朱涇志》，卷一；顧公燮，《消夏閑記摘抄》，卷中。

[32] 光緒《嘉善縣志》，卷十二。

[33] 光緒《嘉定縣志》，卷八。

[34] 萬曆《嘉定縣志》，卷一。

[35] 崇禎《松江府志》，卷三。

此外尚有爲數眾多的較小布業市鎮，都在松江、常州、太倉地區。它們直到清末民初，商業尚稱繁盛。

種桑與紡織棉布是江南農村兩大副業，而且在許多地區中，這兩種生產活動是混雜存在，難以截然劃分，到了江南市鎮的發展後期，尤其如此。咸豐年間的南潯鎮情形是[36]：

> 四鄉之人有農桑外，女工尚焉。摧車踏弓紡線織機，率家有之。村民入市買棉歸諸婦，婦女日業於此……計日成匹，旋以易棉……市之賈俟新棉出……委積肆中，高下若霜雪。即有抱布者踵門……棉與布交易而退。

杭嘉湖地區尚有其他若干絲業中心盛產棉布，各以地名命名之，如龍潭布、桐鄉布、眉公布、陡門布、建莊布、烏鎮布、青鎮布、石門布等，不一而足。

江南的棉紡織業基本上是在農村，只有到了後期才逐漸傳播到市鎮上，甚至城郡中。市鎮中有專業軋花人家，有專紡高級紗的人家，或是專門紡經紗者，當然也有織棉布者：

太倉：「秋收時，販客雲集，城市男子多軋花生業」[37]。

松江：「城市女紅，悉力紡紗，售之鄉民」，及「郡城有紡鐵鋌者，紗極緊細而價又甚昂」[38]。

嘉定縣：「紗場巷即以排紗成經得名」[39]。

吳縣：「家戶習爲恆業，不止鄉落，雖城中亦然」[40]。

㊱咸豐《南潯鎮志》，卷二四。

㊲康熙《太倉州志》，卷五。

㊳褚華，《木棉譜》；《上海碑刻資料選輯》，頁89。

㊴民國《嘉定縣續志》，卷一。

華亭縣：「 紡織不止鄉落，雖城中亦然 」[41]。

這種由鄉村逐漸傳入城郡之趨勢，與絲織業完全相反。城鎮中的棉紡織生產者，只是一些專業化的家庭，爲數不多，規模也不大。更重要的是，無論是江南的城郡或外圍市鎮，在清末以前均無任何有關棉紡織手工業工場的報導，也找不到一條棉紡織手工操作的勞工市場之記載。這些都是與江南絲織業迥然不同之處。

四、與新式紡織業的競爭

由於生產條件不同，明清時期江南的絲業市鎮與棉業市鎮發展的過程不同，其主要功能與經濟結構也互異。19世紀中葉以後，中國門戶開放，五口通商，西方新式工廠生產的紡織品源源輸入，數量也快速增加。到了19世紀末期，中國的通商口港及其他大城中相繼開設了若干新式紡織廠，產品內銷，這許許多多變化，對江南地區的傳統手工紡織業構成嚴重的威脅。由於傳統絲業與棉業的生產條件不同，在面臨新式紡織品的競爭，兩個行業的調整方式與沒落過程，也顯現很大的差別。

在歐洲，以及較晚的日本，新式棉紡織業之發展早於新式絲織業。因此，在中國門戶開放，五口通商之後，絲業首蒙其利，而非受害。無論是生絲或絲織品的出口，都有大幅度的增加。在這以前，江南地區所產之生絲與織物要長途運至廣州，然後轉銷海外，現在則可以直接從上海港口運出。於是每年杭嘉湖地區的絲業產

---

⑩光緒《吳縣志》，卷五一。

⑪正德《華亭縣志》，卷三。

品,有相當數量向盛澤及震澤集中,然後出海。盛澤鎮甚至有人經營專船從事絲織品之運輸。整個江南地區的絲業均因此受惠。但是,好景不長,西方很快就發展了新式的繅絲工業及絲織工廠,其產品開始與中國江南地區的傳統絲業展開競爭,很快人造絲也加入了這場爭戰。

　　遭受打擊最嚴重的環節是織業。首先可以明顯看到的是手工業絲織工場的消亡。前面述及的元末徐一夔、明代張翰及馮夢龍等人所描述的手工絲織工場,在清中葉以後已經看不見了。在絲業中,手工絲織工場與農村副業織綢本是雙重並存的結構。但是,在惡劣的狀況下,農村副業的生存能力要強於手工業工場,因為前者沒有勞動成本的下限,在產品價格下降到很低的價位時,仍能繼續生產。據學者調查,1880年盛澤周圍二十五里農村中共有八千多台絲綢織機,其中二千多台是1870年代從嘉興城內移到盛澤的,而嘉興城裡只剩下了六台織機[42]。此即明證,嘉興城內的織戶無法生存,不得不把織機賣給鄉村農戶。

　　即以蘇州城內情形而論也是如此,「鄉機」的比重漸漸增加,竟達到百分之八十。在1899年時有人調查,蘇州10萬元資本以上的賬房有一百餘家,資本在1萬元以上的賬房約五百餘戶,當時蘇州的織機約有12,000台[43]。到1913年時,只存賬房57所,為其代織的機戶人數共7,681人,而使用的木機只有1,524架[44]。如此算來,機

---

[42]段本洛、張圻福,《蘇州手工業史》(江蘇:古籍出版社,1986),
　　頁214。

[43]同上,頁221—222。

[44]同上。

戶家數不過千餘家,每家不過擁有一台織機。很顯然,已經沒有擁有多台織機的手工場了。即令把賑房控制的代織機戶與獨立機戶加到一起,據估計蘇州城內的織機總數也不過4,000台左右[45],遠低於19世紀末之數。

　　繅絲業應付新式工業競爭的辦法則不同,是力求技術改進,提高生產力,爭取生存的空間。不過傳統繅絲業最後還是失敗了,未能避免滅亡的命運。江南的絲業很早就有各工序的專業化傾向。繅絲業就是如此,自行獨立。例如清道光年間震澤鎮就有五千餘戶以繅絲為業者,他們雖然是農村副業,但卻專業化[46]。南潯的情形更突出,早已出現專業手工繅絲工場,稱車戶,計二、三千家,每家平均有繅車四部[47]。專業生產易於改良生產工具,故此鄉之人「繅絲之法日漸講究」。至同治末年,南潯已有繅絲戶仿日本繅絲法,稱「東洋經」[48]。1880年以後江南地區便出現了許多小型的新式繅絲廠,資本都在一、二十萬元上下[49]。廣東珠江三角洲也有同樣的趨勢出現,1873年,僑商陳啓源在手工繅絲廣泛發展的基礎上,在南海創建繼昌隆繅絲廠。至1906年,廣州附近已有174家機器繅絲廠[50]。但是,在這一時期中,無論是江南或廣東,卻無一家機器絲

---

[45]同上。

[46]道光《震澤鎮志》,卷二。

[47]《吳興農村經濟》,頁12。

[48]段本洛、張圻福,前引書,頁216。

[49]張國輝,〈甲午戰後四十年間中國現代繅絲工業的發展和不發展〉,載《中國經濟史研究》,1989年第1期,頁91。

[50]同上,頁98。

織工廠創立。直到1916年上海物華絲織公司成立，中國才有了第一家使用電動鐵織機工廠[51]。

　　新式棉貨在中國市場出現後，傳統棉紡織的應變方式另是一套。江南傳統的棉紡織基本上都是農村副業，在技術上改造很難，但是由於生產成本彈性大，對新式棉貨的抵抗力十分頑強。

　　在傳統的絲業生產中，繅絲所需人工少於織綢所需人工，所以繅絲從來沒有形成絲織業的瓶頸。棉業生產則不同，傳統手工紡車生產力極低，通常每三小時或四小時所紡之紗只能供一小時織布之用，於是紡紗這一環節變成了棉紡織生產的重大瓶頸。其結果是很少有農戶有剩餘棉紗拿到市場上出售，除了專業的紡紗戶外，多數農戶都是在家中自紡自織，所紡之紗在家中自我使用。也就是，紡紗與織布被迫結合成一個統一的生產過程，在農戶中完成。等到機紗出現以後，農戶可以在市場上買到價廉物美的機紗，於是傳統的織布工作可以獨立，用機紗織成土布。於是紡與織變成了兩種獨立的副業生產，織布不必紡紗。

　　事實上，新式工廠無論是紡紗或織布，生產力都遠高於傳統手工紡織，傳統紡織生產在兩方面都受到嚴重的威脅。但是兩相比較，紡紗比織布更不利。新式紡紗機與舊式紡車的生產力，是44：1；而新式織布機與改良後加裝飛梭的土織機相比，生產力之差只是4：1[52]。李嘉圖的「比較利益說」之理論，對於此種情況曾有重要的啟示：他說在國際之間，如果甲國在各種工業部門中都較乙國

<hr />

[51]段本洛，張圻福，前引書，頁228。

[52]趙岡、陳鍾毅，《中國棉業史》（台北：聯經出版事業公司，1977），
　　頁212。

占優勢，則甲國應在諸種生產部門中選擇最占優勢的工業，集中生產；乙國則應選擇不利情形最輕的工業部門來生產。這種道理完全適用於面臨機製棉貨競爭的傳統棉紡織業。

實際上，完全處於優勢的一方，可能不遵照李嘉圖「比較利益說」之原則去集中生產優勢最強的產品，而是生產多種享有優勢的產品。但是完全處於劣勢的一方，則別無他途，只能集中生產不利情況最輕的一種產品，這是在生死關頭下求生存的唯一抉擇，雖然是鄉農也自然明白這個道理。在紡紗與織布變成了兩種獨立的副業項目時，農戶們就要分別考慮紡與織的不利情況。儘管土布遭受機織布的強力競爭，價格下跌，但是織土布仍然是農村各種可能副業項目中最好的一項。於是紡土紗之生產活動便遭受淘汰。據《川沙縣志》卷十四說：

> 自洋紗盛行，而軋花、彈花、紡紗等事，棄焉若忘，幼弱女子亦無有習之者。

於是有剩餘勞動力的農戶便把以前投入紡棉紗的人力，改投於土布生產上，展開了對機織布的抵抗。而且所抵抗的並不限於外來的洋貨，也包括國產的機織布。

事實上，以機紗代替土紗，加上傳統織機的若干改良，手工織布業的生產力大為提高。不但農村副業織土布得以繼續生產，而且給了手工織布工場一些生存空間。在19世紀末及20世紀初，手工織布工場紛紛設立，沿海一帶及華北地區，在機紗容易運達的城市裡，興起了若干新的土布業中心㊿。

在中國工業史上，以農村剩餘勞動力而形成的土布業確是表現

㊿同上，頁215。

了驚人的抵抗力，可以在任何惡劣的環境下生存。棉業剛傳到江南，它們立即徹底地排擠了手工棉紡織工場；19世紀下半葉，又與生產力遠為高強的機器織布廠相抗衡。在傳統絲業已普遍衰退之後，土布業仍能掙扎生存，土布產量迄未大幅下降。直到20世紀中期，棉花及機紗全部被政府控制以後，中國的土布業才因原料斷絕而黯然退出舞台。

江南的絲業市鎮與棉業市鎮的最後命運也不盡相同。絲業市鎮集中於杭嘉湖地區，都因絲業之衰退而失去昔日之光輝。棉業市鎮多在松江地區，上海開埠後，它們變成了上海的郊區，棉業雖也是不復當年之盛況，但這些市鎮卻因上海經濟之快速發展，而得繼續維持繁榮。

中國城市發展史論集

1995年5月初版　　　　　　　　　定價：新臺幣280元
2005年11月初版第二刷
有著作權‧翻印必究
Printed in Taiwan.

著　　者　趙　　　岡
發 行 人　林　載　爵

出 版 者　聯經出版事業股份有限公司　　責任編輯　黃　文　明
台 北 市 忠 孝 東 路 四 段 5 5 5 號
台 北 發 行 所 地 址：台北縣汐止市大同路一段367號
　　　　　電話：(0 2) 2 6 4 1 8 6 6 1
台北忠孝門市地址：台北市忠孝東路四段561號1-2F
　　　　　電話：(0 2) 2 7 6 8 3 7 0 8
台北新生門市地址：台北市新生南路三段9 4 號
　　　　　電話：(0 2) 2 3 6 2 0 3 0 8
台 中 門 市 地 址：台 中 市 健 行 路 3 2 1 號
台 中 分 公 司 電話：(0 4) 2 2 3 1 2 0 2 3
高 雄 門 市 地 址：高 雄 市 成 功 一 路 3 6 3 號
　　　　　電話：(0 7) 2 4 1 2 8 0 2
郵 政 劃 撥 帳 戶 第 0 1 0 0 5 5 9 - 3 號
郵　撥　電　話：2 6 4 1 8 6 6 2
印 刷 者　世 和 印 製 企 業 有 限 公 司

行政院新聞局出版事業登記證局版臺業字第0130號

國家圖書館出版品預行編目資料

中國城市發展論集 /趙岡著 .
--初版 . --臺北市：聯經，1995年
236面；14.8×21公分 .
ISBN　957-08-1376-8（平裝）
〔2005年11月初版第二刷〕

Ⅰ . 都市-中國-歷史-論文，講詞等

545.092　　　　　　　　　　　84004214